承認欲求に
振り回される人たち

榎本博明

ENOMOTO HIROAKI

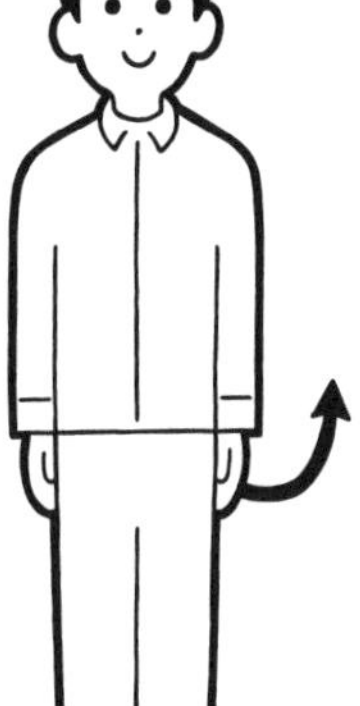

CROSSMEDIA PUBLISHING

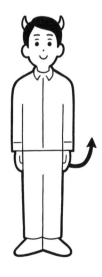

「だれかに認められたい」

「自分についてもっと知りたい」

このような思いがあるのは、あなただけではないはずです。

一方で、あなたの周りにこんな人はいないでしょうか。

気まずさを避けて
いい顔をしてしまう人
自身の功績を
匂わせずに
いられない人
他人の粗探しを
してしまう人
大口を叩いて自分を
追い込む人

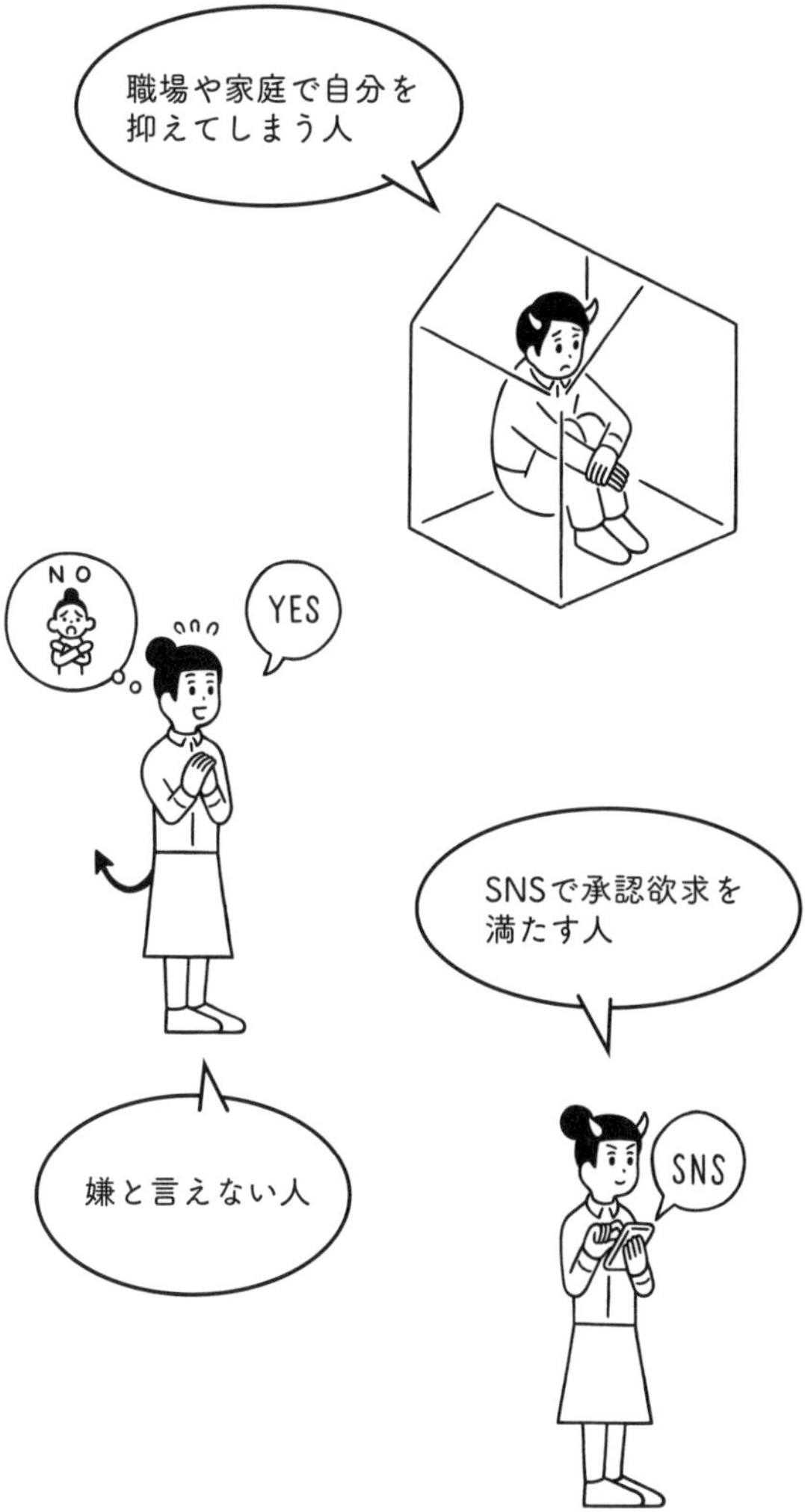
職場や家庭で自分を
抑えてしまう人
NO
YES
SNSで承認欲求を
満たす人
嫌と言えない人
SNS

ここで紹介したのは、承認欲求に振り回され、「承認欲求モンスター」となった人たちです。

そして、あなた自身も知らぬ間に
「承認欲求モンスター」と化しているのかもしれません。

私たちは、承認欲求と無縁で生きることはできません。

こんなに苦しむ人が多いなら、
承認欲求は捨ててしまえばいいのでしょうか。

いいえ、決してそんなことはありません。

問題なのは、承認欲求との「付き合い方」です。

その付き合い方を変え、うまくコントロールできるようになれば、

生きる上で私たちの強い味方になるのです。

さあ、承認欲求に振り回されず、
自分を取り戻していきましょう。

承認欲求に振り回される人たち 目次

第3章 SNSが助長する承認欲求

第4章 承認欲求の正体

第5章 承認欲求を上手にコントロールする

第1章

承認欲求は満たすべきもの

承認欲求に動かされるのは良くないことなのか？

最初から結論を申し上げます。この本のタイトルには「承認欲求に振り回される」とありますが、承認欲求そのものは決して悪いものではありません。だれの心の中にも承認欲求は存在していて、私たちは赤ん坊の頃から、承認欲求を満たそうと頑張ってきました。それは成長の原動力にもなっています。

たとえば、歩き始めの小さな頃は、歩いてもすぐにバタッと倒れてしまいますよね。だけど、それを見た親から、

「すごいね、歩けたね」

と声がかかると、子どもはとても嬉しそうに笑います。倒れれば顔を打ち、痛いはずなのに、挑戦し続けます。そんな小さな子どもでも、成長欲求や承認欲求に突き動かされて、歩いては倒れるということを何度も繰り返し、「やった！歩けたよ」とでも言いたげな笑顔で親の方を

見ます。

鉄棒で逆上がりができるようになれば、

「ねえ、ねえ、見てて」

と言って、と逆上がりをやって見せ、得意げな顔をします。

部活の後、1人で残って自主練をしているとき、通りかかった先生から、

「おっ、頑張ってるな」

と声をかけられると、そろそろ帰ろうと思っていたのに、より一層張り切って練習をしてしまいます。

このように、私たちは「認められたい」という思いから、いろんなことに挑戦し、頑張り、成長してきました。

学校で勉強をするようになると、良い成績を取って認められたいといった思いから、勉強を

頑張る。もちろん勉強ができるようになる喜びや、わからないことがわかるようになる喜びが勉強の原動力なわけですが、「先生から認められたい」「親から認められたい」といった思いで頑張るといった面もあるはずです。

会社に入れば、「周りから仕事ができる人だと思われたい」「上司や先輩から頑張っていると認められたい」といった思いで頑張る。仕事ができるようになることで、成長欲求が満たされ、頑張る原動力になるということもありますが、「早く一人前として認められたい」といった思いが成長を加速させます。

このように、承認欲求に動かされることは、決して悪いわけではないのです。むしろ成長するためには、承認欲求は欠かせないものと言って良いでしょう。

欲求は満たすべき

「欲に目がくらむ」「欲望に負ける」という言い方や「禁欲」という言葉もあるように、欲は好ましくないものとみなし、欲を抑え、克服することで、立派な人になれるという考え方があります。

それに対して、心理学者マズローは、欲求というのは決して悪いものとか抑えるべきものではなく、満たすべきものだと言います。

そして、次のような性質をもつ欲求は、生きていくために基本的なもので、その欠乏は人をその獲得へと駆り立てるとみなします。

①それが満たされない人は、その満足を絶えず求め続ける
②その欲求が満たされないことが、人を病気にしたり、衰弱させたりする
③その欲求の満足が治療効果をもち、欠乏による病気を治す

④その欲求を持続的に満たすことが、欠乏による病気を予防する
⑤健康な人々は、そうした欠乏状態を示さない

このような人間が健康に生きていく上で満たすべき基本的欲求として、マズローは生理的欲求、安全の欲求、愛と所属の欲求、承認と自尊の欲求の4つをあげています。

これら4つの基本的欲求の間には、階層構造を想定しています。下の層にあるものほど低次元の欲求であると同時に、まず先に満たすべきものとされます。

下層の欲求がある程度満たされると、その上にある欲求が人を動かすようになります。満たされない欲求が人を駆り立てるのであって、満たされた欲求はもう人を駆り立てません。

これが有名なマズローの「欲求の階層説」です。聞いたことのある人もたくさんいるのではないでしょうか。

なお、欲求の階層説では5つの欲求が階層構造をなしていますが、下から4つ目までの基本的欲求がそこそこ満たされると、最上位にある自己実現欲求が頭をもたげてきます。4つの基本的欲求は、その欠乏が人を駆り立てるわけですが、所属集団がないから所属集団を求める

マズローの「欲求の階層説」

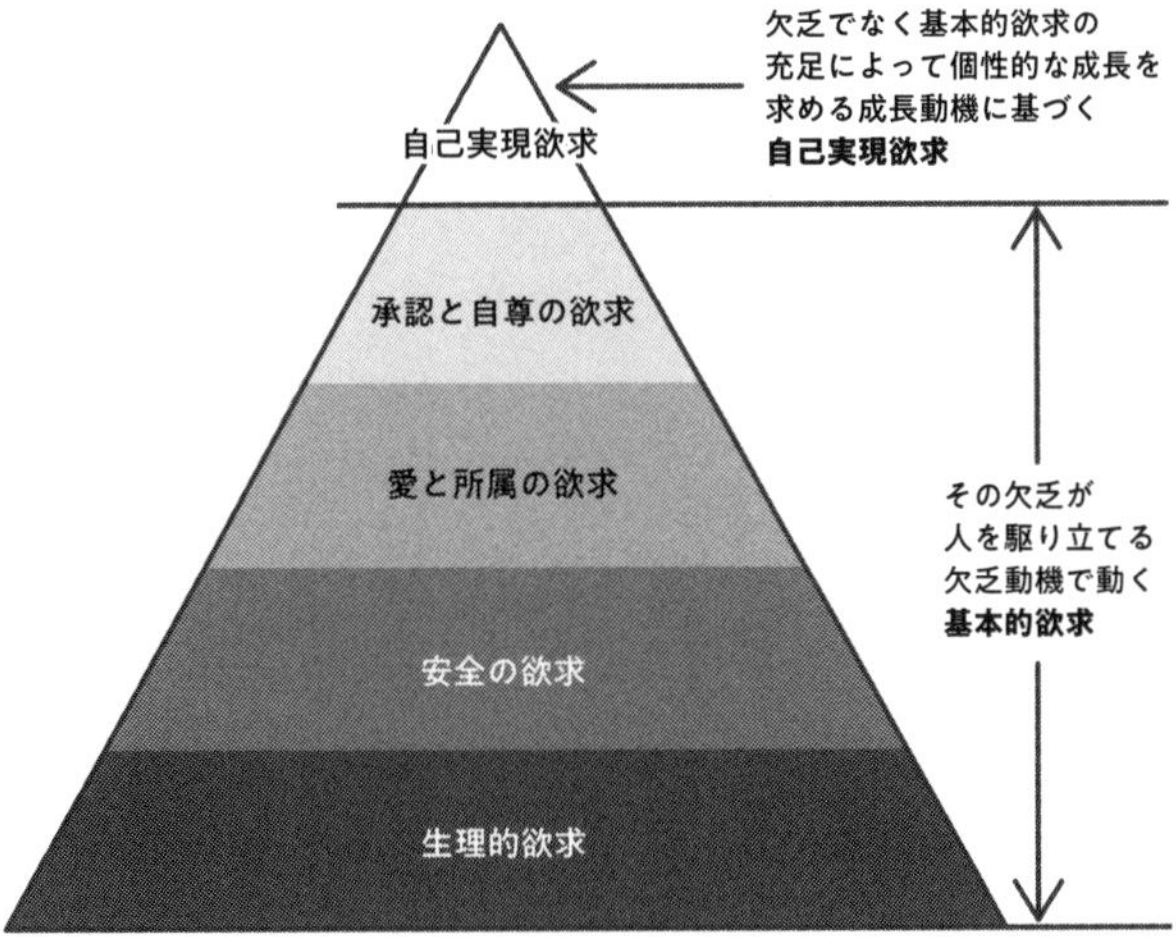

（承認してもらえないから承認を求める、というように）、自己実現欲求の場合は、欠乏感がなくなったところから動き出し、さらなる成長を求めます。

たしかに生理的欲求が満たされないときには、人から尊敬されるようなことをしたいと思うより、とにかく食べものがほしいわけで、極限状況では盗んでも食べるという選択もあり得るかもしれません。そして、下層の欲求が充足されることで、上層の欲求が頭をもたげてくるといった側面があります。

たとえば、1人の画家がいたとします。

貧しくて食うに困る状況だとしたら、まずは売れる絵を描く必要があります。描いた絵が売れなければ食っていけないし、生活も安定しません。そこで、生理的欲求や安全の欲求に駆り立てられて絵を描きます。自分が描きたい絵を描くというのではなく、大衆ウケして売れそうな絵を描くということになるわけです。

もしその画家が、経済的に安定してきて、親しい仲間もできたならば、もう生理的欲求や愛と所属の欲求に駆り立てることがないので、承認と自尊の欲求に動かされるはずです。そうなると、大衆ウケする絵を描くだけでは満足できず、専門家から高い評価が得られるような絵を描きたいと思うでしょう。そこで、展覧会で入選するのを目標にして絵を描きます。つまり、「人から認められるかどうか」をひたすら気にしながら、絵を描くことになるのです。

基本的欲求が完全に満たされることはないので概ね満たされてくると、自己実現の欲求が頭をもたげてきます。専門家の間で一定の評価を得て、自信がついた画家は、基本的欲求が満たされているため、自分の心の底から込み上げてくるものを思う存分描きたいというような自己実現欲求に突き動かされるようになります。

そこでは、大衆ウケしてお金になるかどうかも、専門家から高い評価が得られるかどうかといったことも、さして重要ではなくなります。もはや基本的欲求に駆り立てられて動いたりしません。

・自分の中から込み上げてくるものを表現したい。
・自分が感じ取った感動を見る人にも分かち与えたい。
・何かを獲得したくて絵を描くのではなく、充実した自分の内面を表現したい。
・周囲に何かを与えたい。

このような欲求にしたがって、絵を描くようになります。だからこそ、周囲の反応に左右されずに、自分が描きたいものを描くことができるようになるわけです。

自分を表現したい。感動を伝えたい。自分の能力を何かのため、だれかのために活かしたい。喜んでもらいたい。幸せな気持になってほしい。愛情を注ぎたい。認めてあげたい。そんなふうに行動できるように成長したい。成熟したい。それが自己実現の欲求に動かされるということです。

この本のテーマは承認欲求で、基本的欲求の最上位に位置づけられるものです。そこで、基本的欲求について、もう少し詳しく見ていきましょう。

承認欲求は人間の基本的欲求

①生理的欲求

マズローの欲求の階層説で最下層に位置づけられているのが生理的欲求です。生理的欲求とは、飢えを避けようとする食欲、渇きを癒そうとする水分補給の欲求、疲労を回復しようとする休養や睡眠の欲求など、生命の維持のために必要不可欠な欲求が中心で、性欲や刺激欲求、活動欲求なども含みます。

あらゆるものを失った人にとっては、生理的欲求は何よりも優先すべき動機になります。たしかに飢えに苦しむ人にとっては、空腹を満たすことが緊急の課題であって、そんなときには自由を得ることも、恋人を得ることも、自尊心をもつことも、とりあえずはどうでもよくなってしまうはずです。

上位の欲求の追求が挫折続きになると、退行が生じ、下位の欲求充足に甘んじるようになります。承認欲求や愛と所属の欲求がどうにも満たされないとき、食欲や性欲に動かされたりするのも、その一例と言えます。それによって心のエネルギーを補給しているといった面もありますが、そこに固着してしまうと、より上位の欲求を求める方向に向かわず、成長が止まってしまいます。

そこに、心の世界を共有できる親しい友だちができたり、愛情を向け合う恋人ができたりすると、生理的欲求への固着から解放されるかもしれません。仕事で自信がもてるようになると、生理的欲求への依存度は自然に低下するものです。

②安全の欲求

生理的欲求がある程度満たされると、次は安全の欲求が頭をもたげてきます。安全の欲求とは、身の安全や生活の安定を求める欲求、恐怖や不安を免れたいという欲求、混乱を避け秩序を求める欲求などのことです。具体的には、生活の安定を求め、病気、事故や災害、犯罪や治安の悪さなどを避けようとするものです。

現在の日本のように、ものが満ちあふれ、平和な社会では、野獣や暴漢に襲われたり、犯罪に巻き込まれたりすることは稀で、戦争や恐慌に見舞われたりする可能性もほとんどありません。もちろん、地震などの天災は免れようがなく、交通事故も全国で毎日何件も起きてはいますが、戦争中や恐慌時のように身の安全が脅かされることはありません。

しかし、生活の安全や安定は、劇的な出来事だけで脅かされるわけではありません。たとえば、銀行預金の数倍も儲かると言われ、慣れない投資に手を出して酷い目にあったという人は数え切れないほどいます。安全の欲求は、そういったリスクも避けさせてくれます。

どんな会社でも、倒産する可能性がまったくないわけではありません。会社の方針に我慢できなくて辞めることも、絶対にないとは言い切れません。上司に逆らってクビになる可能性も、病気になってしばらく稼げなくなることもあるかもしれません。

このようなリスクを考えて、貯蓄をしたり、保険をかけたりするわけです。そうすることで、私たちは日々安心して暮らせているのです。

③愛と所属の欲求

安全の欲求が満たされると、次は愛と所属の欲求が前面に出てきます。愛と所属の欲求とは、友だちや恋人・配偶者を求めたり、所属集団を求めたりする欲求のことです。

マズローは、生理的欲求や安全の欲求が満たされると、それまでと違って友だち、あるいは恋人や配偶者、子どものいない淋しさを痛切に感じるようになると言います。そして、愛情に満ちた関係を求め、家族・仲間集団・職場といった居場所となる所属集団を求めるようになります。

そのために私たちは、あらゆる努力をします。

現代の都会生活では、生まれてからずっと、顔見知りばかりの近隣社会で暮らし続けるということは滅多になく、隣人とほとんど言葉を交わすことがないという人も多いはずです。親の転勤やマイホームの購入に伴って引っ越すことで、転校したり、近所の友だちと離ればなれになったりもします。

このような移動性社会には、孤独が蔓延しています。根無し草のような頼りなさを感じ、どこかに落ち着きたい、心から安らげる居場所がほしいといった思いが込み上げてきます。このように、人との触れ合いを求めたり、居場所となる所属集団を求めたりするのも、愛と所属の欲求に動機づけられた行動と言えます。

現代の若い世代には、友だちにも気を遣う人が多いようです。

場の雰囲気を壊さないよう、軽いノリの会話で場を盛り上げることに腐心するため、ホンネがなかなか出せないという人もいます。家に帰り、夜中に一人でいるときに、

「自分は何をしてるんだろう」

と、痛切な孤独感と疎外感に苛まれることもあるようです。無理に周囲に合わせてでも、所

属する集団がほしい、仲間に入れてもらいたいと思っているのです。

私たちは、それほど孤独な社会を生きているのです。その意味で、多くの現代人は、愛と所属の欲求によって動かされているわけです。

④承認と自尊の欲求

愛と所属の欲求が満たされると、ここでようやく承認と自尊の欲求が頭をもたげてきます。承認と自尊の欲求とは、他者から認められたい、高く評価してほしい、その結果として自尊心をもちたいという欲求です。

承認と自尊の欲求には2つの側面があります。1つは、名声、評判、社会的地位など、他者から承認され、尊敬されることを求めるといった側面。もう1つは、強さ、達成、成熟、自尊心など、自分に対して自信と誇りをもちたいといった側面です。

ほんとうの意味での自信をもつ、つまり自尊心をもつというのは、現代人にとっての最重要課題とも言えます。

人から認めてほしいという気持ちはだれもが強くもっています。しかし、人からの評価にとらわれすぎると、人の顔色をうかがい、人の反応に一喜一憂するばかりで、気持ちが落ち着きません。どっしりと構えて生活することもできません。

期待通りの反応が得られないと、

「自分はダメだ」

と落ち込み、

「なんで認めてくれないんだ」

「ほめてくれてもいいのに」

と不満をもつことになります。人からどう思われているかが気になるあまり、自由に振る舞えないという人も少なくありません。

自分を大きく見せようとする人も、承認と自尊の欲求に突き動かされながらも、心の中では実は自信がないのです。だから、虚勢を張ってでも人からの承認を求めずにはいられないのです。

以上のように、マズローの欲求の階層説に基づいて考えると、現代人の心の状態や行動パターンが手に取るようにわかってきます。基本的欲求が十分に満たされないとき、人は自分を見失い、衝動の奴隷になっていくのです。

多くの人は、生理的欲求や安全の欲求はそこそこ満たされてはいても、愛と所属の欲求や承認と自尊の欲求があまり満たされていません。そのため、愛してくれる人や所属を求めたり、承認を求めたりすることに懸命になるわけです。

問題行動の背後にも承認欲求があったりする

心の中では、こんなことはやりたくない、やってはいけないと思っているのに、仲間から認められたくて仕方なくやってしまう。そんなことがよくあるものです。

極端な場合、そのような構図で万引きしてしまうことさえあります。

ある少年は、きちんとしつけられた倫理観のある子で、肝試し感覚で万引きをしている仲間たちから一緒にやらないかと誘われても、いつも断っていました。友だちもそのような家族的背景に理解があるため、

「お前の家は厳しいからな」

と言って、強要するようなことはしませんでした。


でもその少年は、何だか自分だけ特別扱いで、取り残されているというか、疎外感のようなものを感じていました。そこで、ついに万引きに参加してしまったのです。

こんなことは絶対にしちゃダメだという思いも強く、激しい葛藤があったものの、これでほんとうに仲間になれた、みんなから仲間と認められた、という思いが込み上げてきたといいます。

万引きなどしてはいけないと強く思っているし、自分もほんとうはやりたくないのに、やっ

てしまう。周囲の仲間から認められたいという思いは、それほどまでに切実なものなのです。

いじめでも似たような構図がしばしばみられます。

ふだんはきちんとした子で、決して問題行動を起こすようなタイプではないのに、なぜいじめに加担をしてしまったのかと周囲が不思議に思うことがあります。そのようなケースでは、日頃抑圧しすぎていたことによるストレスが一因となっていることもありますが、仲間から認められたいという思いが動機になっていることも少なくありません。

先にあげた万引きをしてしまった少年の場合も、所属しているグループのメンバーたちから仲間だと認められたいという思いに駆られて、やってはいけないと強く思いながらも万引きをしてしまったわけです。つまり、所属欲求と承認欲求に突き動かされての犯行と言えます。このように、所属欲求と承認欲求は絡み合って、人を駆り立てることが多いようです。

仲間がほしい。仲間に入れてほしい。グループに所属したい。そのためにも気の合う仲間として認めてほしい。評価してほしい。こうした思いが強いため、人からどう見られているかが気になって仕方がない。それは、だれもが抱えている心理と言って良いでしょう。この本を読んでいるあなたも、きっとそうなのではないでしょうか。

人から好かれたいという気持ちの強い時代

承認欲求に突き動かされているのは、なにも子どもだけではありません。大人たちも、人の目を気にして、人がどう思うかを基準に自分の態度や行動を決めることが多くなっています。

かつてなら、だれが何と言おうと、自分が正しいと思ったことを貫くタイプの大人も結構いたように思われます。でも現代は、価値観が多様化し、こうするのが正しい、こう生きるべきだといった指針が失われた時代と言えます。

こうあるべきといった基準が見えないため、どうするのが良いのかわからない。だれもがそうした不安を抱えているのです。

そこで、人がどう思うか、相手がどう思うかを基準に、どうすべきかを判断し、自分の考えや行動が妥当であるかを評価しようとすることになります。人から好意的な言葉や態度が向けられると、自分のやり方で良かったんだと自信がもてます。

このように、自分の妥当性を判断する基準が、自分の中の絶対的基準ではなく、他人による承認の有無になっているのです。

たとえば、わが子が友だちの家に遊びに行き、泊まってくると言い出したとします。そんなのは相手の家族の迷惑になるかもしれないし、まだ中学生のうちに外泊のクセをつけさせちゃいけないと思い、

「まだ中学生だし、向こうのお家のご両親の迷惑にもなるからダメ」

と言うと、子どもは、

「〇〇ちゃんのお母さんがいいって言ってるよ。お母さんによろしくだって」

と答えます。そう言われてしまうと、

「それはありがたいことだけど、中学生のうちから外泊はダメっていうのがウチの方針だから、遊びに行くのはいいけど、夜9時には帰ってきなさい」

とキッパリと言うことができなくなってしまいます。どうしても子どものご機嫌をうかがい、譲歩してしまう。子どもに嫌われたくないといった思いに負けてしまう。そんな親が増えているようです。

職場でも、そうした風潮は非常に強まっています。上司は評価権をもつ立場にあるため、部下が上司に気を遣うのは当然ですが、最近では上司の側も部下に遠慮して言いたいことも言えないといった感じがあったりします。

仕事の進め方がまだ未熟な部下に対して、至らない点を指摘したり、改善すべき点をアドバイスしたりするのは、上司の役割として必要なことです。部下を鍛えないことには戦力になりません。しかし、それができない上司が増えているのです。

上司が仕事上のミスを注意したのに対して、部下がムッとした顔をする。

上司のアドバイスに対して、部下が自分を否定されたかのように感情的になり、筋違いの反論をする。

ほめて育てられた若い世代は、認めてもらえない厳しい状況を持ち堪える力がついていないため、そのようなケースも珍しくありません。

その場ではあからさまに反発せず、

「わかりました」

と答えても、

「あの言い方、ほんとムカついた」

などと陰で言われているのを知り、上司としてアドバイスする気持ちが萎えてしまったというケースも少なくありません。

自分が一時的に嫌われたとしても、一人前に仕事ができ、戦力になるように鍛え上げるのが上司の役目だし、そのうち部下もわかってくれるはず。そう思うことができればいいのですが、どうしても意見するのを躊躇してしまう。結局、部下から嫌われたくないと思っているのです。

このように、承認欲求には肯定的な評価を得たいという心理だけでなく、批判や拒否のような、否定的な評価を避けたいという心理も含まれます。それは、嫌われたくないといった心理につながります。

このような心理の蔓延は、精神分析学者のフロムによる「市場的構え」という考え方で説明することができます。

市場的構えとは、商品が市場に流通する際、その価値が交換価値によって決まるように、自分の価値も人気によって決まるかのようにみなす心の傾向を指します。

フロムは、市場経済の原理が、個人の人間的価値にまで及んでいると指摘しています。市場経済の発展によって、ものの価値は、それがどれだけ役に立つかという「使用価値」で決まるのではなく、それがいくらで売れるかという「交換価値」で決まるようになりました。

交換価値は、どれほど人が欲しがるか、つまり人気によって決まってきます。

そのような市場経済の世界にどっぷり浸かることで、私たち人間の価値も、どんな能力があり、どんな人格を備えているかという実質よりも、人から受け入れられるかどうか、気に入られるかどうかに大いに左右されるようになってきました。そこで人々は、まるで人気商売のように、人から認められ、好感をもたれることを強く求めるようになったというのです。

市場経済の原理はますます私たちの生活に浸透し、今やだれもがフロムのいう市場的構えを身につけており、人から気に入られたいと思い、人からどう思われるかに過敏になっているといって良いでしょう。

それでも、たとえばアメリカの場合は、親も上司も権力者として、堂々と君臨しています。元々権力者があまりに強烈すぎる社会だったアメリカは、市場的構えによって、やや強烈なくらいに緩んだといった感じでしょうか。

それに対して、元から「人の目」を過度に気にする傾向があり、親も上司も強力な権力者ではなかった日本では、市場的構えの浸透によって、親も上司も相手の顔色をうかがうばかりで、毅然とした態度が取りにくくなっているように思われます。そうした最近の日本人の傾向にも、承認欲求が強く絡んでいるわけです。

暴走する承認欲求

このように承認欲求というのは、人間の基本的欲求として、満たすべきものであるはずなのですが、最近では「承認欲求モンスター」という言葉もあるように、承認欲求が悪者であるかのように扱われる傾向も見られます。一体なぜでしょうか。

それには、ＳＮＳの発達によって、自己愛が過剰に刺激されるようになり、承認欲求の満たし方に変化が生じたことが大きく影響しています。

ツイッターやブログで発信することで、多くの反応が得られる。フェイスブックやインスタグラムに写真を投稿すれば、多くの反応が得られる。「いいね」がつき、リツイートされ、リプライがあれば、承認欲求が満たされていきます。このようなＳＮＳの影響については第３章で解説しますが、多くの人に注目してもらえる道具を手にしたことで、私たちの「注目されたい」という思いはより強くなりました。いわば「自己愛」が過剰に刺激されるようになったわけです。

ここで大切なのは、注目されたい思い自体が決して悪いわけではないということです。プロ野球選手も、Jリーグのサッカー選手も、オリンピックで活躍する各種スポーツ選手も、「注目されたい」という思いを抱えて頑張っていることが多いはずです。

問題なのは、SNSによって承認欲求を安易に満たせるようになったことです。

スポーツで承認欲求を満たすには、血のにじむような練習を、長い時間をかけて地道に積み重ねる必要があります。いくら頑張っても、なかなか成果が出ないという困難な状況の中、くじけずに頑張り続け、必死になって乗り越えた先に、ようやく承認欲求を満たす可能性が見えてきます。そんな苦難の道を歩む覚悟が求められるわけです。だからこそ、私たちはスポーツを見て、感動するのでしょう。

頭の良さや仕事で承認欲求を満たすにも、同じく地道な努力を積み重ねて力をつけていく必要があります。いくら自分が頑張っても、ライバルの方がもっと力をつけていれば、自分の努力はなかなか実らず、承認欲求を満たすことはできません。

そのような承認欲求の満たし方と比べて、ＳＮＳにふと思いついたアイデアを投稿したり、自分が気に入った風景や動物を写した写真を投稿したり、自撮り写真を投稿したりして、「いいね」をもらうことで承認欲求を満たすのは、あまりに安易な満たし方と言わざるを得ません。

しかし、逆に言えば、地道な努力などせずに、簡単に承認欲求を満たすことができるようになったわけです。過酷な状況を乗り越えるような努力をしなくても、ちょっとしたアイデアで承認欲求を満たせるようになりました。

私たちにとって基本的欲求であるはずの承認欲求が、時として悪者扱いされるのも、ＳＮＳなどで安易に満たせるようになり、「承認欲求に振り回される人たち」が目立つようになったからなのです。

第2章

承認欲求に苦しむ人たち

気まずさを避けようと、いい顔をしてしまう

気まずくなるのは避けたい。それはだれもが思うことだし、別に悪いことではありません。でも、それが行き過ぎると自分自身を苦しめることになります。

これまで人づきあいで悩むことはなく、だれとでもうまくやっていける方だという20代の男性は、このところ人間関係に疲れ気味だといいます。

これまでは帰りがけに同僚から誘われると、いつも気軽に付き合い、飲み食いしながらおしゃべりするのは嫌じゃないし、むしろ楽しんでいたそうです。ところが、最近はそれが苦痛になってきたというのです。

最初は、身体が疲れているせいだろうと思ったりしましたが、週末にゆっくり休んで身体の疲労は取れたはずなのに、同僚に誘われても、なぜか気乗りしません。かといって断るのも気まずいため、無理してつきあうものの、気持ちが疲れてしまい、全然会話を楽しめません。

もしかしたらこれは心が悲鳴を上げているのかもしれない。そう思って自分自身を振り返ってみると、たしかに無理をして付き合い良くしていたような気もしてくる。そこで、根っから人づきあいを楽しんでいたわけではなかったのではないかと考え込んでしまったそうです。

その男性は、承認欲求の虜になって自己アピールばかりしている同僚を見て、「見苦しいなあ。あんなふうにはなりたくない」と思っていたけど、もしかしたら自分も承認欲求に振り回されているのではないかといった疑念を抱き始めたと言います。

なぜそう思うのかと聞くと、

「私は、自己アピールするようなタイプじゃないんですけど、別の形で承認欲求に振り回されてるような気がするんです。付き合いの良さが私の取り柄だと思っていましたが、それは相手の期待に応えようとしているだけ、つまり相手から認めてほしいっていう思いで無理して付き合いを良くしてたんじゃないかって」

と、胸の内を明かしてくれました。

何でも安請け合いしてしまう自分にうんざりしているという30代の女性も、同じような思いを口にします。

「休みの日に出かける予定を立てたのに、同僚から出勤日を替わってもらえないかって言われると、即座に『いいよ』って言ってしまいます。それで後になって、なんで断らなかったんだろう、予定があるって言えばそれで済んだのに、って自己嫌悪。気まずくなるのが嫌で、すぐにいい顔をしてしまう。結局、嫌われたくないっていう思いにとらわれてるんですよね。まさに承認欲求に振り回されて、自分の思いに忠実に動けていないんですよね」

この2人の言い分を聞いて、他人事と思えない人も少なくないのではないでしょうか。

職場でも家庭でも自分を抑えてしまう

ニュースなどでは、仕事のストレスがよく話題にのぼりますが、仕事そのものよりも、職場の人間関係のストレスに悩む人の方が多いようです。

よく耳にするのは、横暴な上司に仕えることによるストレスですが、良い上司でありたいと思うことによるストレスも見逃せません。

40代管理職の男性は、自分が若い頃の上司が横暴で、いろいろと辛い目に遭ったことから、部下にそんな思いはさせたくなくて、理解ある良い上司でありたいと思っていました。しかし、最近はそれが重荷になっていると言います。

かつては部下が素直に上司の指示やアドバイスに従ったものですが、今の若手は自己主張が強く、仕事のやり方を注意するとムッとした表情になり、雰囲気が悪くなり、なぜ改善する必要があるかを説明すると、

「それって説教ですか！」

と挑発的な感じで言ってきて、まったく聞く耳をもちません。

「その上から目線、やめてもらえますか！」

と言われたこともあるそうです。

説教と言われようが、上から目線と言われようが、職務上必要なことは教えなければならないし、仕事の進め方がまずいときは注意しなければなりません。熟練者がまだ未熟な人物に教

えるのは当然のことでしょう。

それは頭ではわかっているのだけれど、きつい上司とか横暴な上司とか思われたくないし、つい注意やアドバイスを躊躇してしまう。ただ、それでは部下を戦力になるように育てるという上司の役目を果たしていないという思いもあって、ときどきすべてを投げ出したくなってしまうそうです。

部下から良い上司と思われたい気持ちがあるため、本来の上司としての機能を十分に発揮できず、それがまたストレスになっているわけです。この場合も、承認欲求に振り回されていると言わざるを得ないでしょう。


外では仕事のストレスを抱えているけれども、家に帰ればそこは居心地が良く、素の自分でいられる。それならまだ良いのですが、家でも自分を抑えて我慢しなければならないのでは、とても身が持ちません。しかし実際には、そのように家庭においても自分を抑え、きつい思いをしている人も珍しくありません。

30代の男性は、仕事で疲れて帰宅しても、そこでまた自分を抑えなければならないのが苦痛で仕方がないと言います。

その男性は、共働きでしっかり稼ぎ、将来余裕のある暮らしをしたいと思っていたのですが、妻はどうせ自分はあまり稼げないし、専業主婦になるのが夢だったというので、働いてほしいと強く言えずにいます。

ホンネを言えば、仮に稼ぎが少なくても、働けばそれなりの収入になるのだし、何とか働いてほしい。でも以前そのようなことを言って揉めたことがあり、また気まずい感じになるのも嫌で、専業主婦を容認するような感じになってしまっている。

自分はこんなに外で頑張っているのに、それをねぎらう感じもなく、家で好きに暮らしている妻にイライラしている。それでも、理解ある夫でありたいという思いもあって、強引なことを言えずにいる。

相手が思いやりのある妻だったり、反省能力のある妻だったりすれば、少しは歩み寄ってくれるとは思うけれども、そんな気配はまったくない。

最近では、そんな思いやりがなくわがままな妻から逃げ出したいという思いが強まっているけれど、それなら逃げ出す前にホンネをぶつけてみるべきではないかと思ったりして、身動きが取れなくなっているというのです。

理解のある夫でありたいといった思いから自分を抑えてきたため、夫婦の思いがすれ違ったままになっているのでしょう。この場合も、承認欲求によってホンネを出せずにいるわけです。

つい大口を叩いて自分を追い込んでしまう

モチベーションの高い人によくありがちなパターンがあります。それは、自分をギリギリまで追い込むことで成長するといったものです。

つい大口を叩いて自分を追い込み、大変なストレスを抱えることになってしまうという40代の男性は、若い頃から自分を追い込むことで成長してきたという自負があるのが問題だと思い始めたと言います。

好きな言葉は有言実行。「これをやる」と宣言したり目標を公言したりすれば、何が何でもその達成に向けてがむしゃらに突き進まなければならなくなります。きつくなると怠け心が出てきて、「このくらいでいいか」とつい手を抜きたくなりますが、公言することで逃げ道を塞げば、必死に頑張らなければならなくなります。ちょっと無理かなと思うくらいの目標を公言すると、必死になることで無理が無理でなくなります。

そのようなやり方で成長してきたため、大口を叩いて自分を追い込むのが癖になっていました。そのお陰で今の自分があるので、自分の姿勢を変えるわけにはいかない。これまできついと思うことがあっても、そう自分に言い聞かせて頑張ってきたわけです。

でも、つい先日ショックなことがあったと言います。たまたま仕事先から早く帰ったところ、妻や子どもたちから歓迎されていない雰囲気を感じたそうです。いつもいない時間にいるのだから当然といえば当然かもしれませんが、家には自分の居場所がなくなっているということにはじめて気づいたのです。

働き過ぎの夫が家庭で居場所をなくし、定年退職後に粗大ゴミ扱いされるという話は聞いたことがあるけれども、他人事のように思っていた。だけど、このまま行くと自分も間違いなくそうなる。

そのことに気づいた途端に、仕事生活の景色が一変したそうです。充実していたはずの仕事生活が急に虚しく感じられてきました。これまで家庭生活を犠牲にして、仕事に邁進してきたのは何のためだったのか。いくら自問自答しても、納得のいく答えが見つかりません。

結局のところ、「できる人物」と認められたいという独りよがりの思いで、これまでずっと私生活をないがしろにしてきたわけです。これではまるで産業用ロボットみたいな人生ではないか。もっと人間的な生活をしないと。そのように思いはするものの、今さら家族関係がそう簡単に変わるとも思えず、困惑してしまっているそうです。

自分が承認欲求に振り回され、身近なところに居場所をなくしていたことに気づいたから良かったものの、これから生活を立て直していくのは容易ではありません。

仲間に乗せられて、ついバカなことをしてしまう

承認欲求に振り回されるのは、働き盛りの人に限りません。とくに若い世代は、ＳＮＳ文化にどっぷり浸かっているため、ＳＮＳ絡みで承認欲求に駆り立てられがちです。

アルバイト店員がネット上に悪ふざけした写真や動画を投稿し、それが炎上して店や企業に多大な迷惑をかける。そのような行為が相次ぎ、「バイトテロ」という言葉まで生まれましたが、そうした行為も承認欲求に駆り立てられたものとみなすことができます。

アルバイト先の飲食店の商品や食器を使い、ふざけたポーズを取っているところを自撮りしてネット上に投稿し、不衛生だと炎上する。

食品が収納された冷蔵庫の中に入ったり、冷凍ケースのアイスクリームの上に寝そべったりしている様子を友だちに撮ってもらい、ネット上に投稿し、不衛生だとして炎上。

このような事件が後を絶ちません。このようなことがあった店には行きたくないという客も

多く、店が危機的状況に陥ることもあります。いたずら行為がばれてアルバイトをクビになるだけでなく、賠償責任まで負わされることさえあります。被害を受けた店側からしたら、それは当然と言えるでしょう。

このようなことが起こっているのは、店ばかりではありません。立ち入り禁止の線路内に侵入し、線路上でポーズを取って記念撮影してネット上に投稿し、けしからんとして炎上。遊園地で禁止されている危険行為をしているところを自撮りしてネット上に投稿し、違反行為だとして炎上。自分が万引きしているところを自撮りしてネット上に投稿することさえあり、これは犯罪ではないかと炎上。

こうした投稿がもとで、罪を問われることもあります。

ネット上に投稿すれば身元がバレて、罪を問われるのがわかっているのに、なぜそんな投稿をしてしまうのでしょうか。それは、承認欲求によって冷静な判断力を失っていたからに他なりません。投稿者を特定され、罪に問われることになった人たちは、なぜこんなバカなことを

したのかについて、

「目立ちたかった」

「注目されたかった」

「笑いを取りたかった」

「すごいと思われたかった」

「ヒーローになりたかった」

などと言います。ネット上に投稿すれば自分だとバレてしまう。でも、自分だとわかっても
らえなければ承認欲求が満たされない。そこで、危険を冒してでも投稿してしまう。それほど
までに承認欲求に駆り立てられているのです。

そのような炎上事例を見て、その愚かさに呆れながらも、仲間の投稿に対抗心を燃やして自慢気な投稿をしている自分がいて、自分も例外ではなかったと気づき、承認欲求の凄まじい威力を感じたという人もいます。

匂わせすぎて嫌がられる、でも匂わさずにいられない

職場で同期に会うたびに、「このところ忙しくて、仕事も持ち帰りだらけ。寝る時間もなかなか取れなくて困るよ」とこぼし、自分がいかに仕事をしているかを匂わす人がいます。

周囲の人は、そんなセリフを聞くたびに、

「忙しいのはだれだって同じだよ」

「仕事がたまるのは要領が悪いからだろ」

と言いたい気持ちをグッと堪えます。結局、「すごい」と思われたくて匂わすのですが、呆れられ、嫌がられるだけなのです。

匂わさずにいられないのは、仕事の場面に限りません。

自分には彼氏／彼女がいるのだと、ＳＮＳの写真でさりげなく、でもわざとらしく匂わせる人がいます。そういった事例では、デートをほのめかすコメントをつけて、高級そうなレストランのテーブルの写真や、ムードのあるラウンジのソファー席の写真を投稿したりします。

そこにさりげなく男性の存在を匂わせるように、テーブルの隅に男物のハンカチが写っていたり、男物のサイフや腕時計が写っていたりすることもあります。いわゆるチラ写りです。

そうした写真投稿には、自分には付き合っている異性がいるのだと誇示したい気持ちがあからさまに漂います。モテモテなことを誇示するかのように、別の日には違う腕時計を写したりして、複数の異性の存在を匂わせる人もいます。

でも、そのような匂わせは、本人が意図するような効果をもたないのが常です。なぜなら、ほんとうに幸せで満足しているなら、必死に匂わせる必要などないからです。むしろ、妬まれないように隠すでしょう。ゆえに、そうした投稿に対しては、

「どうせひとり芝居でしょ」

「必死すぎて痛いって感じ」

などといった反応になりがちです。

それでも必死に匂わせてしまう。満たされない承認欲求に振り回されているとしか思えません。

自分の写真が思いのほかよく撮れていると思うと、投稿せずにいられない人もいますが、そのような試みはたいてい不毛な結果に終わります。

たとえば、その人が綺麗な女性の場合、

「ねえ、ねえ、見て！　この表情、まるで女優気取りじゃねえ？」

「ちょっとキレイだからって、いい気になっちゃって」

「自己愛丸出しで、みっともないね」

などと反発され、こき下ろされることになりがちです。

一方、それほど綺麗ではないと、

「なに勘違いしてるの。この顔でよく気取れるね。マジ、笑える」

「100回くらい自撮りして、一番マシなのがこれ（笑）」

「一瞬の奇跡ってヤツだね」

などと言いたい放題に揶揄されることになりかねません。

自撮り写真の投稿には、強烈な自己愛と承認欲求が漂うため、どうしても攻撃的な反応を受けやすくなります。そんなことは冷静に考えればわかりそうなものなのに、承認欲求が判断力を麻痺させてしまうのです。

友だちにもホンネが言えない

ホンネで話せる友だちがほしいのに、そのような友だちがいないのが淋しいという声をよく耳にします。これだけインターネット網が広がる現代では、人とネットを介して容易につながることができる半面、人との距離の取り方で悩む人がとても多くなっています。

カウンセリングの場には、人間関係の悩みを抱える人がたくさんやってきます。なかでも典型的なのは、なかなか人と親しくなれないという悩みです。

ある人は、周囲の人たちと親しくなりたいという思いは強いものの、自信がなく、つい消極的になってしまうと言います。その理由を具体的に説明してもらうと、

「口ベタだし、私の話なんてつまらないだろうって思ってしまって……だから自分から話しかけることができないんです」

と、消極的になってしまう自分について語ります。

何かのきっかけで親しげにしゃべることがあっても、かえって不安が募ってくると言います。相手は楽しいだろうか、退屈していないだろうかなどと気になって、友だちといても心から楽しめていない自分がいる。

「楽しくしゃべっていると、ますます不安になるんです。自分なんかと一緒にいてもきっと楽しくないし、すぐに飽きられてしまうに違いないって思ったりして。それが怖くて、自分から距離を置いてしまうんです」

そんな感じのため、なかなか親しい友だちができないのだと言います。

親しい友だちはいるけれど、ホンネを出せていないのが物足りないという人も少なくありません。よくあるのが、「嫌と言えない」とか「無理して合わせている」といったパターンです。

友だちなのに、なぜ嫌と言えないのか、なぜ無理して合わせるのか、なぜホンネを出せないのか。それは、相手からどう思われるかを気にしすぎるからです。良い友だちと思われたい。そんな思いが強すぎてホンネが出せなくなってしまうのです。

私が310人の大学生を対象に実施した意識調査では、「人からどう思われているかがとても気になる」という人が79％、「人から嫌われたくないという思いが強い」という人が72％となっていました。7割以上の人が嫌われたくないという思いが強く、8割の人が人からどう思われているかを非常に気にしているのです。

そして、「人から嫌われているのではと不安になることがある」という人が60％、「相手からどう思われているかが気になって、言いたいことを言えないことがよくある」という人が52％、「良い人を演じてしまうことがある」という人が60％、となっています。嫌われているのではと不安になり、言いたいことも言えず、良い人を演じてしまうという人が、じつに半数を超えているのです。これではホンネの付き合いは難しくて当然でしょう。

さらには、「人から認められたいという思いが強い」という人が70％、「人の評価は気にしない方だ」という人はわずか13％でした。ここから言えるのは、ホンネの付き合いがしにくいのは強すぎる承認欲求のせいだということです。人づきあいに消極的になりがちなのも、承認欲求が強すぎるためだということがわかります。

嫌と言えない自分が嫌

友だちづきあいは本来は心の支えや癒しになるはずですが、ホンネを出せない友だちづきあいというのはかえってストレスになってしまいます。

友だちづきあいがストレスになるなんて、おかしいと思いつつも、そんな友だちづきあいをやめることができず、悩んでいる人も少なくありません。

友だちからの誘いを断ることはまずないという人づきあいの良い人も、承認欲求の虜になっていると言えそうです。人づきあいが良いのが自分の取り柄と思っていたけど、それは嫌われるのが怖いからであって、決して人づきあいを楽しんでいるわけではなく、相手を信頼しているわけでもないと気づいて、ショックを受けたという人もいます。

今日は疲れているから早く帰ってゆっくり過ごそうと思っていたとき、

「帰りに食事していかない？」

と誘われると、断ることができず誘いに乗ってしまう。ほんとうは家でゆっくりしたいのに、無理してつきあってしまう。もちろん食事しながらの談笑は楽しいし、気が紛れるのだけれど、別れて1人になったとたんにドッと疲れが出てきて、やっぱり断れば良かったと後悔することがよくあると言います。

そしてついに、人づきあいの良さの背後には、「断ったら相手の気分を害するかもしれない」「誘ってくれなくなるかもしれない」といった思いがあることに気づいたのです。それ以来、こんな人づきあいの良さは、長所とは言えないと思うようになったと言います。

友だちとどこかに行こうとなったときも、自分はいつも向こうに合わせて、相手の行きたいところに行くばかりなのに気づき、愕然としたという人もいます。

たとえば、映画を観に行こうということになり、ほんとうは自分が観たい映画があるのに、友だちが別の映画を観たいと言うと、それに合わせてしまい、まったく興味のない映画を観るハメになるのは一度や二度ではない。前に友だちが観たいと言った映画を観たなら、今度は自分が観たい映画を観ようと自己主張すれば良いはずなのに、それができないのだと言います。

「相手にも観たい映画があるだろうし、こっちが観たい映画を強要したら、気分を害するかもしれない。こんな映画には興味がないかもしれない。そんなふうに思ったりして、自分からこの映画にしようと言いにくくて、結局いつも相手が観たい映画を観ることになっちゃうんです」

今日は喫茶店でまったり過ごしたい気分だと思っているときでも、友だちからボーリングに誘われると、

「うん、いいね」

と誘いに乗ってしまい、さらにカラオケしようと言われると、

「うん、そうしよう」

とカラオケで盛り上がり、自分が望んでいたのとまったく違う1日を過ごすことになってしまう。そんなふうに、友だちに合わせるばかりの自分が嫌になることもあると言います。その

ようなケースでも、嫌と言えない自分の中では、強烈な承認欲求がうごめいています。

それはおかしいと思いながら同調する

政治家や官僚の不祥事は後を絶ちませんが、そこでも承認欲求が猛威を振るっています。権力者から何かを命じられ、「そんなことをしてはまずい」と思いつつも、

「わかりました」

と承諾し、実行してしまう。結果として、それがまずいことになり、上司が自分は知らないと言うと、その上司の指示だったのに、自分の一存でやったと言ってしまう。

そのような構図は至るところにみられますが、そこには言うことを聞くことによって頼れる部下として認められたいという承認欲求と同時に、言うことをきかなかったら外されるかもしれないという恐怖があります。

日常の人間関係では、そこまでの恐怖はないでしょうが、仲間外れにされたくない、気持ちの通じないやつ、ノリの悪いヤツと思われたくないなどといった思いは、だれにでもあると思います。

ある20代の女性は、友だちと話していて、相手の言うことが間違っていると思っても、

「それは違うんじゃないかな」

と指摘することができず、ただ頷いている自分が嫌になることがあると言います。ここで相手の言うことを否定して気まずくなりたくないという思いが強く、なかなか言いたいことが言えないのです。

反論するのを躊躇するだけにとどまらず、

「そうだよね」

と共感してしまうことさえあり、そんなときは後で自己嫌悪に苛まれるそうです。

アルバイト先にいる無責任でいい加減なスタッフに対して、腹立たしく思っているのに、同調するようなことしか言えない自分に嫌気がさすという人もいます。

「その人は、何かにつけて手抜きをするんです。私は仕事はきちんとやりたいのに、その人が『私たち、どうせバイトで時給安いんだから、適当にやってればいいんだよ』と言うと、反論せずに『そうだよね』と同調するような言葉を口にして、一緒になっていい加減なことをしてしまう。そんな自分が嫌で……」

うっかり反論したり説教したりすると気まずくなり、気の合わないヤツと切り捨てられるのではないかと怖れるあまり、つい同調してしまうのです。

友だちが別の友だちのことを悪く言うとき、「そんなことないよ。あの子、けっこういい子だよ」と心の中では思っているのに口に出せず、悪口をいちいちうなずいて聞いている自分が情けないという人もいます。下手に弁護すると「うざいヤツ」と思われないか、今度は自分が悪口を言われるようになるのではないか、といった懸念から同調してしまうのです。

このように、それは違うと思いながらも反論せず、心ならずも共感したり同調したりするのも、相手から受け入れられたいという承認欲求のせいといって良いでしょう。

自分にもそういうところがあると思う人も、たくさんいるのではないでしょうか。

人の思いに寄り添って生きている感じ

このように承認欲求に動かされていると、自分のホンネを押し殺して生きることになり、相当なストレスを抱え込んでしまいます。

自分はいつも人の意向ばかり気にして、いったいだれのための人生なのかわからないと嘆く人もいます。

子どもの頃から、親の意向を気にして、親の期待に応えるようなことばかり口にする、いわゆる典型的な良い子。親がくれたプレゼントが期待はずれで、内心ガッカリしていても、

「ありがとう。これ欲しかったんだ！」

と喜んでみせる。

動物園に行く日に、親の友だちがこれから遊びに来たいと電話してきたときも、ホンネでは親が断ってくれることを願っているにもかかわらず、

「せっかくだから来てもらったら。動物園はまたいつでも行けるから」

などと優等生なことを言ってしまう。

良い子と言われるのが心地良かったのかもしれませんが、そうした姿勢が身に染みついてしまい、いつの間にか友だちに対しても自分の思いを抑え、相手の期待に応えるような行動を取るようになっていたのです。

でも最近、そんな自分に疲れてしまい、そこまで自分を抑えなくてもいいのではないか、もっと自分の思いも大切にしたい、そうでないと自分の人生じゃなくなってしまうと思うようになり、これからどう振る舞うべきか悩んでいると言います。自分を出し過ぎて、わがままになってもいけないし、相手の思いに寄り添う気持ちも失いたくない。そのバランスのとり方がわからず、戸惑っているそうです。

キャラに縛られて苦しい

私たちは、相手によって自分の出し方をごく自然に調整しています。親の前の自分と友だちの前の自分が違っているのは、ごくふつうのことです。同じ友だちでも、職場の友だちの前の自分と、学生時代からの親友の前の自分では、やはり違いがあって当然でしょう。

相手によってどんな自分が出てくるかが決まります。まじめでおとなしい自分を引き出す相手もいれば、おちゃらけてはしゃぐ自分を引き出す相手もいたりします。甘えん坊の自分を引き出す相手もいれば、冷静で頼れる自分を引き出す相手もいたりします。

このように、相手にふさわしい自分がほぼ自動的に動き出します。

言い換えれば、相手あるいはグループにふさわしいキャラが動き出します。

このグループではこのキャラでいくと決まっていれば、自分の出し方でいちいち迷うことがなく、とても楽です。キャラのイメージに沿った行動をとることで、「らしいよな」と仲間に受け入れてもらえます。

天然キャラなら、適当に話を聞いて勝手なことを言っても、「天然だから」と許される。辛口キャラなら、きついことを言ってストレス発散しても、「ああいうキャラだから」と許される。クールなキャラなら、カッコつけるような態度をとっても嫌らしいなどと非難されることなく受け入れられる。

そんな便利なキャラではありますが、その拘束力は思いのほか強いものです。なぜならキャラには、相手あるいは周囲の期待が込められており、どんなときでもその期待に応える必要があるからです。

「あいつはこういうキャラだから、こんな反応をするはずだ」

といった期待を裏切るわけにはいかないため、常にキャラを意識し、そのキャラにふさわしい行動をとらなければなりません。

私たちは、決して一面的な存在ではありません。いろんな面をもっているのが人間です。いつもまじめでおとなしくしている人でも、ときには羽目を外してふざけたい衝動に駆られることだってあるはずです。でも、そんなことをしたら、

「あいつ、どうしちゃったんだ？　なんか変だぞ」

と思われてしまいます。そこで、自分のキャラを保つために、衝動にブレーキをかけることになります。


いつもピエロを演じてみんなを笑わせている人も、ときには深刻な気分になることもあるし、ショックなことがあって落ち込むこともあります。でも、みんなの前でそんな姿を見せたりしたら、

「どうした？　お前らしくないぞ」

と言われるのがわかるため、落ち込んでいる姿を見せるわけにはいきません。そこで、自分を抑えていつものように軽いノリでみんなを笑わせることになります。


こんな声もあります。

「友だちといると楽しいですけど、それ以上に疲れることがあるんです。たぶん、そのグループでの自分のキャラを、無意識のうちに必死に演じているからじゃないかと思います。もっと自分を素直に出せたらって思うこともあります」

キャラという便利な装置に依存する限り、キャラに反する思いはすべて抑圧しなければなりません。そうでないと、「キャラじゃない」と思われ、承認が得られません。そこで、息苦しさを覚えることになるのです。

どうしても良い人を演じてしまう

結局のところ、承認欲求に支配されている限り、常に相手の期待する自分を生きるしかありません。

どこかに行くにしても、自分の意思は棚上げして、相手がどこに行きたいかを気にする。みんなで何かをするときも、自分が何をしたいかより、みんなは何をしたいのかを気にする。

そのように相手の期待に応えようとするのは、決して悪いわけではありません。自分が行きたいところや、やりたいことにばかりこだわり、強引な自己主張をする人と比べて、よっぽどできた人間であるとも言えます。相手も気持ちよく接することができ、相手にとって一緒にいて心地良い人物ということになるでしょう。

しかし、当人としては、絶えず自分を抑えて相手にばかり合わせるわけですから、相当なストレスを溜め込むことになります。

相手がもっと一緒にいたいのがわかると、どんなに仕事が忙しく切羽詰まっていても、食事につきあうばかりか、その後の飲み会まで付き合ってしまう。でも内心では、早く帰りたいとイライラしている。

相手の言うことが間違っていると思っても、それを指摘すると気分を害し気まずくなると思い、相手の愚痴をうなずきながら聞いてしまう。向こうは共感してくれていると思っているのがわかり、何だか自分が悪い人間のような気がして嫌になる。

人の悪口ばかり口にする同僚にうんざりしているのに、ついうなずきながら話を聞いてしまい、「そうだよね」「それは酷いよね」などと同調するようなことまで口にしている。そんな自分に嫌気がさす。

このように、相手の期待に応えようという気持ちが強すぎると、相手にとって都合の良い自分を演じることになり、イライラしたり、自己嫌悪したりで、大きなストレスを溜め込むことになりがちです。

有能な人のあら探しをしてしまう

満たされない承認欲求は、有名人や権力を手にしている人に対する攻撃的感情を生じさせることがあります。

芸能人の不倫ネタは瞬く間に話題になり、その記事が載っている週刊誌はよく売れます。不倫が報じられた芸能人が謝罪会見をしても、反省が足りない、不倫相手の配偶者への謝罪がない、などといった批判がネット上に渦巻きます。

もちろん不倫はいけないことですが、そもそも一般人とは異なる芸能人の話です。しかも、本人も不倫相手も、その配偶者も、自分とはまったく無縁の人たちにすぎません。身近な人物の不倫ではなく、あくまで見ず知らずの遠い世界の人たちの不倫であり、それぞれの夫婦生活の実態も知らないはずです。

そんな、何の縁もない人の話なのに、なぜそこまでムキになるのでしょうか。そこには倫理観というよりも、攻撃的な気持ちを感じざるを得ません。有名人を引きずりおろしたいという、ある種の執念のようなものが漂います。

東京五輪エンブレムのパクリ疑惑騒動にも、似たような構図がみられました。

東京五輪のエンブレムに選ばれた佐野研二郎氏のデザインに対して、「ベルギーのリエージュ劇場のロゴに似ている。盗作だ」として、ロゴの制作者が使用差し止めを求める文書を日本オリンピック委員会に送ってくるという出来事がありました。

これによって盗作疑惑が浮上し、佐野氏は作品を取り下げ、公式エンブレムとしての使用は中止となりました。その間、ネット上では、佐野氏の過去のありとあらゆる作品を取り上げ、

パクリ疑惑を突きつけることができそうな作品を必死になって探し回る動きが活発化し、

「このデザインはこれと似てる、パクリだ！」

といった主旨の書き込みが相次ぎました。

このパクリ疑惑に関しては、毎日数千件のツイートがあり、最も多い日は1万件を超えました。

盗作があってはいけないのは当然のことです。でも、まったく無縁の人物の問題になぜそこまでムキになれるのでしょうか。パソコンに向かって必死になって検索するエネルギーは、どこから湧いてくるのでしょうか。もしかしたら、普段仕事をしているときよりも、はるかに集中し、情熱を燃やし、喜びさえ感じているのではないかとさえ思ってしまいます。

そこには、活躍している有名人を引きずりおろす快感によって、日頃の鬱憤を晴らすといった心理が漂っています。

政治家や官僚の不祥事を報道する週刊誌もよく読まれます。しかし、政治家や官僚には権力欲の固まりのような人間が多いのは世の常です。権力を握るためには手段を選ばない人物、権力を握ると理不尽にそれを振りかざす人物がいても、とくに驚く人などいないはずです。

それなのに、けしからんといった思いに強く駆られる人たちが少なくないのです。そこにも、権力者を叩くことで、承認欲求が満たされないことによる欲求不満を少しでも軽減したいといった心理が見え隠れします。もちろん正義感から憤りを感じている人もいるでしょうが、そればかりではないケースの方が多いのではないでしょうか。


有名人に限らず、相手が身近な成功者でも同じことが言えます。仕事ができる人や出世している人、異性からモテる人などは、周囲からの羨望のまなざしでみられますが、

「あいつはほんとに要領がいいよな」

「オレはあんなふうに取り入ってまで出世しようとは思わないね」

「見た目はいいけど、性格はちょっとね」

などと、辛辣な陰口、ときにまったく根拠のない陰口を叩かれてしまいます。満たされない承認欲求が、周囲から認められている人物を引きずりおろそうとする心理を生むのです。

そうした心理はだれでもわかるため、ほんとうに仕事ができる人ほど謙虚なもので、日頃から自分の失敗談をよく口にします。

何かしらでうまくいったときには、決して天狗にならずに、

「何だかうまくいっちゃった。運が良かったみたい」

「たまたまだよ」

などと謙虚な姿勢を見せるものです。

第3章

SNSが助長する承認欲求

「見る自分」と「見られる自分」に引き裂かれる

承認欲求とは、自分のことを認めてほしいという欲求のことです。その際に意識されるのは「見られる自分」であり、人からどう見られるかです。

「見られる自分」が強く意識されるようになるのは、主に思春期以降であることから、承認欲求に苦しめられるようになるのも思春期の頃からというのが一般的です。思春期の自我の目覚めなどと言われるのも、自己意識が高まることを指しますが、それは「見る自分」が「見られる自分」を強く意識するようになることを意味します。

心理学の草創期に活躍した心理学者ウィリアム・ジェームズは、その後定番となった心理学の教科書の中で、「自己の二重性」について解説しています。

自己というのは、知者と同時に被知者であり、主体であると同時に客体でもあるとして、それを自己の二重性とみなしました。そして、自己を「知る主体としての自己（I）」と、「知られる客体としての自己（ｍｅ）」の2つの側面に分けました。
自分を意識するとか、自分を見つめるなどと言いますが、「意識する自分」と「意識される自分」が同時にいなければ、自分を意識することはできませんし、「見つめる自分」と「見つめられる自分」が同時にいなければ、自分を見つめることはできません。

思春期になると、自己が「知る主体としての自己」＝「見る自分」と、「知られる客体としての自己」＝「見られる自分」に引き裂かれることによって、自己意識が高まり、「見られる自分」が非常に気になるようになります。

そのため、児童期のように呑気ではいられなくなり、絶えず人の目が気になって、以前のように無邪気に振る舞えずに、人前でぎこちなくなってしまうのです。

人からどう見られているかが気になって仕方がない

「人の目」が気になるというのは、別におかしいことではありません。だれだって「人の目」は気になるものです。相手の目に自分がどう映っているか、周りの人の目に自分がどう映っているかは、だれにとっても最大の関心事と言って良いでしょう。

あの人からどう思われているのだろう。好意的に見てくれていると良いのだけれど、取っ付きにくいヤツだとか、おもしろくないヤツだとか思われていないだろうか。日頃からかかわりのある人に対して、そんな思いを抱くこともあるでしょう。

自分の仕事ぶりについて、いったいどんなふうに評価されているのだろうか。有能だとか頑張っているとか思ってくれていたら良いけれど、ちゃんと評価してもらえているだろうか。いい加減で調子のいいヤツだとか、手際の悪いヤツだとか思われていないだろうか。職場の上司や取引先の人に対して、そんな思いを抱くこともあるでしょう。

どうして私たちは、こんなにも「人の目」が気になるのでしょうか。
それは、人の目が自分を映し出してくれるからに他なりません。

私たちは、自分のことを知りたい生き物です。人から好かれる人柄かどうか。有能とみなされているかどうか。人に良い印象を与えているかどうか。それをなんとかして知りたい。だれもがそう思っているはずです。それを教えてくれるのが、「人の目」なのです。

「人の目」というのは、言ってしまえば自分を映し出す「モニターカメラ」のようなものです。自分の姿が客観的にどう見えるのか。それを教えてくれるのが「人の目」なのです。
社会学者のチャールズ・クーリーは、私たちの自己は、社会的なかかわりによって支えられているものであり、他者の目に映ったものであるという意味において、「鏡映自己」と呼ぶことができると言います。私たちの自己は、他者の目を鏡として映し出されたものだという意味です。

鏡に映し出さないと、自分の顔はわかりません。自分で自分の顔を直接見ることはできません。

それと同様に、他者の目という鏡に映し出さない限り、自分の人柄や能力といった内面的な特徴を知ることはできません。他者の反応によって、自分の人柄や能力がどう評価されているかがわかり、自分の態度や発言が妥当なものだったかどうかを知ることができるのです。

さらにクーリーは、他者の目に自分がどのように映るかを知ることで、誇りや屈辱のような自己感情が生じると言います。これも、だれもが日常的に経験していることのはずです。人から好意的に見てもらえれば、嬉しいし自信にもなります。一方で、否定的に評価された場合は、気持ちが落ち込むし、自信がなくなってしまいます。ただ、その場合も、人からどう思われているかを知ることで、改善すべき点についてのヒントが得られます。

ゆえに、自分の姿が「人の目」に否定的に映っているとしても、それを知るのは大事なことと言えます。もちろん気分の良いものではありませんが。

私たちが気の合う者同士、価値観や性格の合う者同士でまとまりがちなのも、周囲の人の目に映る自分の姿が肯定的であるほど嬉しいし、力が湧いてくるからに他なりません。気の合う者同士、似た者同士であれば、肯定的に見てもらうことができる。つまり、承認が得られやすいからです。

過剰な自己愛

このところ自己愛が過剰な人物が目立ち、いわゆる自己愛人格障害が注目されています。アメリカのトランプ前大統領に対して、自己愛人格障害だとして精神科医たちが解任を求める署名を集め、提出したことが話題になりました。そのような人物に共感し、支持する者が多いのだから、一般の人々の中にも自己愛過剰な人物が非常に多くなっているに違いありません。

自分のことしか眼中にない。病的に自分のことばかり気にする。そんな自分大好き人間が増えているのです。

講演やセミナーで自己愛人格障害に少しでも触れると、自分の職場にまさにそれにあてはまる人がいて、困っているという方がたくさんみられます。なかには自分がそうだとして、相談にやってくる方もいるほどです。

自己愛はだれもがもっているものですし、だれにとっても自分は特別なわけですが、それが極端な場合に自己愛人格障害ということになります。

アメリカ精神医学会による精神疾患の診断・統計マニュアルでは、自己愛人格障害は、根拠のない自信や、自分は特別という意識が極端に強く、人に対して偉そうな態度を取り、自分が活躍する夢を誇大妄想的にもち、自分はこんなところにいる人間じゃないという思いが異常に強いタイプだとされています。

これはまさに病的に自己愛が強いタイプと言えますが、近年では自己愛過剰にはこれとは別種のタイプもあるというのが、心理学会や精神医学会の共通認識になりつつあります。

もう1つのタイプというのは、一見すると自己愛が強くなさそうなタイプです。何かにつけて自信がなく無力感に苛まれ、人から認めてもらえないのではないかといった不安が強く、さらに人に対しておどおどし引っ込み思案で、人からどう見られるかに非常に過敏といった特徴をもちます。

これら2つのタイプは、自分のことで頭の中がいっぱいという意味において、どちらも自己愛過剰なわけですが、そのあらわれ方が一見して正反対になっているのです。

日本人に特徴的な「過敏型自己愛過剰」

精神医学者のグレン・ギャバードは、自己愛を「無関心型（鈍感型）」と「過敏型」の2つに分けています。

その他の研究者の分類を見ても、「誇大型」と「脆弱型」、「厚皮型」と「薄皮型」、「自己顕示型」と「内密型」、「顕在的自己愛型」と「潜在的自己愛型」など、ほぼ同様の分類となっています。

このように自己愛人格障害、あるいは障害というほどでなくても、自己愛が過剰に強いタイプには、自信過剰で人のことなど顧みない無神経なタイプと、自信がなく引っ込み思案で人の視線に過敏なタイプがあるということができます。

この後者のタイプの場合は、アメリカの精神医学会の診断統計マニュアルの診断基準に含まれていないため見逃されがちですが、日本ではむしろこの後者のタイプの方が多くみられます。

心理学者の小川捷之が日本人とアメリカ人の悩みを比較した調査によれば、

「他人が気になる悩み」

「自分に満足できない悩み」

「大勢の人に圧倒される悩み」

などにおいて差があり、日本人の方がそのような悩みを抱く傾向がみられました。他人が気になる悩みというのが、まさに人からどう思われるかが気になるという心理に相当します。

他人が気になる悩みは、次のような項目によって測定されています。

「自分が人にどう見られているかくよくよ考えてしまう」

「他人が自分をどのように思っているか不安になってしまう」

「自分が相手の人にイヤな感じを与えているように思ってしまう」

「相手にイヤな感じを与えているような気がして、相手の顔色をうかがってしまう」

「人と話をしていて、自分のせいで座が白けたように感じる」

このように感じる人が、アメリカ人と比べて日本人には多かったのです。日本人は、人からどう見られているかを気にする傾向が強くみられ、自己愛過剰の病理でも自信がなく人の視線に過敏なタイプが多い。そこには、それぞれの文化における人格形成の方向性の違いが見事に反映されています。

自信をもち、堂々と自己主張できる人物になるようにといった文化的圧力のもとで人格形成が行われるアメリカでは、自分を自信たっぷりに押し出す態度をだれもが身につけていくため、自己誇大的で人に対して無神経なタイプの自己愛過剰が多くなります。

一方、自己主張を控え、人に対して思いやりをもち、人と協調していける人物になるようにといった文化的圧力のもとで人格形成が行われる日本では、引っ込み思案で、「人の目」に対して神経過敏なタイプの自己愛過剰が目立ちます。

このように、自己愛人格障害や自己愛過剰の病理にも、「人の目」を気にする日本人の心理的特徴が如実に反映されているのです。

「見られる自分」の肥大化をもたらすSNS

ＳＮＳの登場により、だれもがネット上に自分の意見や思いを発信したり、写真を投稿したりできるようになりました。

ニュースを見たりして意見を言いたくなると、ツイートをするなどして、ＳＮＳ上で自分の意見を発信できます。かつては、不特定多数に対して意見を発信できるのは、メディア関係者や政策決定者、専門家などに限られ、一般の人々は受信するばかりで発信はできませんでした。

ところが、SNSによって、それが気軽に自分の意見や思いを発信できるようになったのです。

一度でもSNSで発信をしたことがあればわかると思いますが、自分の意見を発信する瞬間は気が大きくなっているけれども、発信後はどんな反応があるかが気になって仕方がないものです。

そこでは、「見られる自分」の肥大化が起こっているのです。


日記として、ブログで日々の思いを綴る人もたくさんいます。本来、日記というのはだれにも見られないように、自分の秘密として日々の思いを記すものでしたが、SNSの普及により、人が読んでくれるのを前提にブログに日々の思いをつづる人が出てきました。

そこでは、日記のように日々の思いを記すといっても、わざわざネットに載せるわけですから、多くの人が読むことを想定して書いています。当然、読んだ人がどう思うかを気にしながら書くことになるわけです。

そこでも「見られる自分」がどんどん肥大化していきます。

ＳＮＳにより自撮りが盛んに行われるようになりました。ブランド物を身につけた自分の写真を投稿し、「いいね」がたくさんつくと承認欲求が満たされる。その快感が癖になり、無理してブランド物を購入しなければならなくなり、苦しむ人さえいます。それほどまでに、承認欲求が満たされるのは魅力的なことなのです。

コンビニのアイスクリームの冷凍庫の上に横たわる自分の写真を投稿する。飲食店で食器を使って不衛生なパフォーマンスをしている自分の写真を投稿する。このような事例については、第2章で触れました。

そんなものを投稿したら自分が罪を問われ、大変なことになるということくらい、冷静に考えればすぐにわかりそうなものです。それなのに自ら投稿してしまうわけです。それほどまでに、みんなをアッと言わせたいという思いが強いのです。これも、承認欲求に振り回されて、冷静な判断力を失っている証拠と言えるでしょう。

海外では、自撮りに夢中になるあまり、崖から転落したり、運転中に前方不注意で衝突事故を起こしたりして、死亡する事例もあるほどです。

「見られる自分」＝「見せる自分」の演出

「見られる自分」を意識し、「こう見られたい」と思う自分のイメージを演出することを自己呈示といいます。

これは、多かれ少なかれだれもがごく自然にしていることです。しかし、場合によっては、上辺だけの見せかけを装っているだけの、まさに印象操作だったりします。

たとえば、好きな人からやさしいと思われたい場合は、何かにつけて親切に振るまい、思いやりをもって接するように心がけることでしょう。ほんとうにやさしい気持ちでそうする人もいれば、好かれるための見せかけの戦略として、やさしさを演じるだけの人もいることは、だれもが経験上知っているはずです。

職場でできる人物と評価されたいという人は、仕事をてきぱきと仕上げていく姿をアピールします。その場合も、ほんとうに仕事ができるように頑張り、成果を出している人もいれば、要領の良さを発揮するだけで、同僚や部下の成果をあたかも自分の成果であるかのようにアピールする人もいたりします。

このように、「見られる自分」を意識するといっても、それが努力や成長につながる場合と、見せかけを取り繕うだけの場合があるわけです。ただ、いずれにしても、承認欲求に動かされているのは間違いありません。

とくにここ数年では、インスタグラムが登場し、写真を投稿するのが流行となり、文字通り「見られる自分」の肥大化が一気に進みました。

旅行先で、せっかく遠方まで来たのに、そこの風景や雰囲気をじっくり味わうことなく、見る人の反応を想像しながら、投稿する写真の構図ばかり考えている人。

凝った料理ができると、自分と一緒に写真を撮って、自慢げなコメントをつけて投稿する人。

近所で珍しいものや光景を見かけると、写真に撮って投稿せずにいられない人。

現実の自分を覆い隠して、偽りの自分を演出して投稿する人。

誕生パーティをしてくれる人がいないのが淋しくて、お金を出して友だち風の人物をレンタルし、誕生パーティの写真を撮って投稿する人。

これらは、見る人の反応ばかりを気にしている典型的な事例と言えます。SNSの発達により、自分がどう思われるかが絶えず気になるようになっていることがわかるはずです。まさに見られる自己の肥大化といえます。

心理学的研究により、自己愛傾向の強い人は、フォロワーや「いいね」を増やすために自己宣伝に走り、欺瞞的なSNS利用をする傾向があることが確認されています。また、承認欲求が強い人ほど、インスタグラムやツイッターを利用する傾向があり、承認欲求があまり強くない人はこれらのSNSを利用しない傾向があることも実証されています。

それと同時に、承認欲求が強い人ほど、スマホが手放せなくて絶えず見ているのに対して、承認欲求がそれほど強くない人は、あまりスマホに依存していないことも実証されています。

さらには、承認欲求が強いと、「いいね」をしてくれないことに対して、過敏になってネガティブな反応をしやすく、「いいね」があっても少ないとネガティブな気分になりやすいこともわかっています。

安易に承認欲求を満たすことができるSNSの世界

前述のように、悪ふざけをしている写真をつい投稿してしまい、炎上し、責任を追及されるといった事例が後を絶ちません。なぜそんなことをしてしまうのかといえば、それは承認が得られそうな簡単な手段だからです。

何らかの成果を出して注目されるには、地道な努力をする必要があるし、突出した能力も必要でしょう。それに対して、あっと言わせる悪戯で注目されるなら、そのような地道な努力も突出した能力も必要ありません。

たとえば、絵のコンテストで入選したり、小説を投稿して入選したり、水泳の選手権で入賞したり、野球やサッカーで活躍したりして承認欲求を満たすためには、苦難の道を突き進む覚悟が求められます。

そうした類いまれな努力と特別な才能を要するような承認欲求の満たし方に限らず、部活でレギュラーになるにも、試験で前回より良い成績を取るにも、仕事でノルマを大きく超えるにも、得意先からの信頼を得るにも、地道な努力を継続する覚悟が必要です。

それと比べたら、ネット上におもしろい写真を投稿し、注目されることで承認欲求を満たす方が、はるかに手っ取り早いし、なんといっても楽な手法です。

このように、ＳＮＳの登場により、私たちは承認をかつてよりも簡単に得やすい時代を生きています。それが承認欲求をさらに刺激しているのです。賞賛してほしい、注目してほしいために、ＳＮＳの利用を盛んに行うことになります。

また、ネット空間では匿名性が保たれるため、別の自分を生きることができるということもあります。現実世界のように、これまでの実績や今の自分の状況に縛られることなく、見かけ上どんな職業に就くこともできるし、どんなキャリアを手にすることもできます。それによって承認欲求を満たせてしまいます。

ただし、それはストレス発散にはなるものの、真の承認が得られたわけでないことは本人も自覚しているため、後ろめたさを感じざるを得ず、ほんとうの自信にはつながることは絶対にありません。

いずれにしても、SNSにより、束の間であっても、偽りであっても、とりあえずは簡単に承認欲求を満たせるといった誘惑にさらされているため、どうしても地道な努力がおろそかになりがちであり、承認欲求の真の充足が遠のいてしまうといった問題が生じています。そんな難しい時代でもあるのです。

反応に心が乱される

だれもがSNSで自分の意見を発信できるようになり、自分には影響力があるといった自己効力感が得やすくなったわけですが、自分の意見を発信すれば、当然それに対する反応が気になります。

「いいね」が多くつけば、自分の意見に賛同が得られたと感じて承認欲求が満たされ、高揚感に包まれますが、反対に「いいね」があまりつかないと、承認欲求が満たされず気分が落ち込んでしまいます。

気になるのは、「いいね」の数だけではありません。

たとえば、自分の意見を頭ごなしに批判する書き込みがあれば、最悪の気分になってしまうでしょう。

しかし、ネット上には日頃の鬱憤を晴らすべく、攻撃対象となる獲物を探している人物がたくさん彷徨っており、攻撃性に満ちあふれています。そのため、投稿に対して否定的かつ攻撃的な反応が返ってくる危険がけっこう大きく、ダメージを負う投稿者も少なくありません。

家族旅行の写真を投稿し、「いいね」がどれくらいつくかなと期待していると、「なんだ、国内か。見せびらかすくらいだから、てっきり海外旅行かと思った」と、とても嫌味な書き込みがあり、気分が落ち込んだという人がいたりします。

同じく家族写真を投稿し、その楽しい雰囲気に対して「いいね」がほしかったのに、その写真を見たママ友から、

「オタクは稼ぎがよくていいわね。ウチなんか家族旅行なんていつから行ってないかな。ほんと、羨ましいわ」

と言われ、返す言葉が見つからず、何だか気分が沈んでしまったという人もいます。

おもしろい写真が撮れたと思って投稿したのに、思うような反応が得られないと、承認欲求が満たされないだけでなく、密かに傷ついてしまいます。そんなみじめさに耐えられなくて、「いいね」の数が少ないときは、すぐに削除するという人もいるようです。

「見られる自分」を強く意識させるのは、ネット上への投稿に限りません。友だちや知人にメッセージを送れば、その反応が気になってしょうがない。なかなか反応が返ってこないと、

「気分を害したのかな。なんか無神経なことを書いちゃったかな」

などと気になってしまいます。

だれかからメッセージがくると、

「早く返信しないと。興味がないとか拒否してるとか思われたらいけない」

と思い、忙しいときでも慌てて返信している人も多いようです。


このように、SNSによって、常に「見られる自分」を意識し、他人の反応に一喜一憂するなど、心が乱されやすくなっているわけです。

心理学的な研究でも、インスタグラムへの写真投稿などによって承認を得ようとする傾向と、抑うつ傾向との間に正の関係がみられることが報告されています。つまり、SNSによって承認欲求を満たそうとすることで、気分が不安定になり、うつ的な気分になりやすいといった傾向があることが明らかになっているのです。SNS利用には注意が必要だとわかるでしょう。

「見られる自分」を維持するのがきつい

たとえ自分の投稿に対して多くの「いいね」が得られ、承認欲求が満たされたとしても、それを維持するのがまた大変なストレスになってしまいます。

ユーチューバーとしておもしろい動画をつぎつぎに投稿し、人気を博している人もいますが、それは希有な存在だから注目を集めているのであって、だれもが同じようにできるわけではありません。しかも、そうした類いまれな人も、どうしたらおもしろいものが撮れるかと日々頭を悩ませ、奮闘しているものです。

せっかく投稿したのに「いいね」があまりもらえないのもストレスになりますが、「いいね」がもらえてもストレスにさらされることもあります。

街でおもしろいものを見つけ、写真を撮って投稿したら「いいね」がたくさんもらえた。だから、「よし、これでいこう」と毎日街を歩き回り、おもしろいものを探しているのだけど、なかなか見つからず困っている。そんな人もいます。はじめの頃はけっこう「いいね」がついたけど、そのうちあまりつかなくなり、最近は被写体を探すのが苦痛になっていたりもするそうです。そんな本末転倒な状態になっているケースさえみられます。

セレブな生活ぶりを装った自撮り写真を投稿したら、「いいね」がたくさんもらえた。だから、つぎつぎに投稿したけれど、実際は見栄を張ってセレブを装っているだけ。衣装代や高級ホテル代がかかり、継続困難になってきた。そんなところに、実生活を知っている友だちが書き込みをしたため、慌てて削除し、非常に気まずい感じになっているという人もいたりします。

バラエティ番組を見ながら辛口コメントをブログで発信したところ、「いいね」がたくさんついた。だから、気分を良くして毎日のように投稿しているけど、最初のはまぐれで当たっただけ。次からはだんだん「いいね」がつかなくなり、苦労するわりには報われず、嫌になってきたという人もいます。

このように、ＳＮＳによって簡単に承認欲求を満たせるようになったとはいっても、たまたま好評を博し、注目してもらえた「見られる自分」を維持し続けるのは、とても大変だということがわかるはずです。

ＳＮＳ投稿に漂う過剰な自己愛

だれでも承認欲求の充足を求めてネット上に投稿できる時代ですが、ＳＮＳの投稿には過剰な自己愛が漂っていることが多いものです。

第２章で自撮り投稿に対して、

「ねえ、ねえ、見て！　この表情、まるで女優気取りじゃねえ？」

「ちょっとキレイだからって、いい気になっちゃって」

と嘲笑している事例や、

「なに勘違いしてるの。この顔でよく気取れるね。マジ、笑える」
「一瞬の奇跡ってヤツだね」
と揶揄している事例を紹介しました。

このように、周りより綺麗な人や、かっこいい人が自撮りの投稿をすれば、妬みからこき下ろされ、周りより外見上で見劣りするか、似たようなレベルの人物が自撮り投稿をすれば、バカにされたり、笑いのネタにされたりします。

いずれにしても、本人が意図したような反応が得られないことが多いものです。

なぜなら、自撮り投稿には、強烈な自己愛と賞賛を求める匂わせが漂っているからです。

自撮りに限らず、日記に書くような個人的な思いや発想をSNSで投稿する場合も、素直に好意的な反応する人もいるでしょうが、そこに強烈な自己愛が漂うせいで冷やかな反応が返ってくることも覚悟しなければなりません。

改めて冷ややかなコメントをすることはなくても、

「自分に酔ってない？」

「同情を誘っているのか？」

「なんでこんなことを人に言うわけ？」

「だれもあんたの思いなんかに興味ないし」

などと突き放した反応になることも少なくありません。


そもそも、個人的なことをＳＮＳに投稿すること自体、自分は強烈な自己愛の持ち主であると告白しているようなことになってしまいます。

他人の投稿に強烈な自己愛を感じ、

「あんなふうに見苦しい姿をさらしたくない」

「いかにも自分に注目してって言っているみたいで、なんだかみっともない」

などと批判や同情の気持ちが向けられる一方で、必死になって自己アピールするかのように投稿する人もいます。

このようにSNSによって承認欲求の虜になる人たちが明らかに増殖しています。そのような時代に、私たちはいかにして承認欲求と折り合いをつけていけば良いのでしょうか。

第4章

承認欲求の正体

自己イメージは人の目でつくられる

私たちは、自分に対するイメージ、いわゆる自己イメージをもっています。

「私は、明るい性格で、ものごとを前向きに受けとめる方です。だからストレスを溜め込むことはそんなにありません。でも、何でも気楽に考えるせいか、うっかりしたミスをしてしまうことも多くて、軽率と思われてしまうことがあります」

このような自己イメージをもつ人がいるとします。この人は、どうしてこのような自己イメージをもつようになったのでしょうか。

たとえば、どうして「自分は明るい」と言えるのでしょうか。「ものごとを前向きに受けとめる方だ」と思えるのは、なぜでしょうか。

それはおそらく、子どもの頃から、

「あなたは明るい子ね」

「明るい性格なんだね」

と、親や学校の先生や友だちから言われることが多く、ものごとをネガティブに受けとめて悩みがちな友だちから、

「あなたはいつも前向きで羨ましい」

「なんでいつもそんなに前向きでいられるの？」

などと言われたりしてきたためではないでしょうか。


私たちは、自己イメージというものは、自分がもとからもっていたものだと思い込みがちです。でも、その起源をたどっていくと、それは身近な他者がこちらに対して抱くイメージによってつくられてきたことがわかるはずです。


「あなたは神経質な子だね」

「何でそんな細かなことにいちいちこだわるのかしらね」

「もっと大らかにならないと」

などと母親から言われ続けることで、自分は神経質な子だ、細かなことを気に病む性格だといった自己イメージをもつようになっていきます。

「あなたはやさしい子ね」

と先生から言われたり、

「やさしいんだね」

と友だちから言われたりすることで、やさしい性格だという自己イメージをもつようになります。

人から直接突きつけられるコメントだけではありません。言葉になっていなくても、その態度からも自己イメージがつくられていきます。

たとえば、別の子には気軽に友だちが声をかけ、周りにみんな集まってワイワイ楽しげにやっているのに、自分にはだれも声をかけてこなくて、1人ポツンとしている。そんな状況に置かれることが重なると、自分は声をかけにくい雰囲気を醸し出しているんだ、とっつきにくい感じなんだ、といった自己イメージがつくられていきます。

友だちから悩みごとの相談をされることが多いと、自分は頼れるタイプなんだという自己イメージをもつようになります。

このように、私たちは自己イメージを元から自分自身がもっていると思いがちですが、実は人から投げかけられた言葉や、人から示された態度を通して手に入れたもので、いわば「人の目」によってつくられたものなのだということがわかるはずです。

そうなると、好ましい自己イメージをもつためには、人から好ましいイメージをもたれる必要があります。だからこそ、人からどう見られるかに過敏にならざるを得ないのです。

承認欲求の背後に潜む「見下され不安」

承認欲求は、人から承認してもらえないときに活性化されます。認めてもらえないから、認めてほしいという思いが高まり、まさに満たされない欲求が人を駆り立てるのです。

たとえば、人からきついことを言われたり、嫌な態度を取られたりすれば、だれだって傷つくはずです。感じの悪い人といると傷つけられるから、できるだけかかわらないようにする。これは当然のことでしょう。

しかし、最近の心理傾向として、過度に傷つきやすい人が増えているということがあります。そこには「見下され不安」が関係しています。

人からのアドバイスに対して、「あの上から目線にイラッと来る」といった感受性をもつ若者が増えていることを分析した際に、そこに潜む心理を私は「見下され不安」と名づけました。

「見下され不安」とは、人から見下されるのではないか、バカにされるのではないか、軽く見られるのではないかといった不安のことです。承認欲求の屈折した形と言えるでしょう。

それはだれもが心の中に抱えているものですが、とくに「見下され不安」が強いと、たとえば相手は決して見下しているわけではなく、親切心から言ってくれた場合でも、そして実際に役に立つアドバイスであっても、こちらに対して優位を誇示しているように感じてしまうのです。

アドバイスには「教えてあげる」「教えてもらう」といった構図があり、「教えてあげる」人の方が「教えてもらう」人よりも優位に立っていると言われれば、たしかにそうかもしれません。しかし、アドバイスをもらえることで、実際に助かるわけです。

「見下され不安」は、アドバイスに限らず、「手伝ってあげようか」といった言葉にも強く反応します。親切で言ってくれたと頭ではわかっても、「まだできないのか」「能率が悪いな」と言われているような嫌な感じがしてしまうのです。

「見下され不安」の強い心の目には、親切な態度さえもが見下す態度に映ってしまいます。その結果、感謝するどころか、「上から目線にイラッと来る」というようなことになるわけです。

私たちが大学生・専門学校生310人を対象に実施した意識調査では、「『上から目線』でものを言われてイラッとくる」という人が64%、「同い年の言葉に『上から目線』を感じる」という人も40%となっており、「上から目線」に過敏に反応する若者が非常に多いことがわかりました。

また、「人から見下されたくない思いが強い」という人が68%、「人から認められたい思いが強い」という人が70%となっており、多くの若者が人からの評価に不安を抱いていることがわかりました。

さらに、私たちが20代から50代の各年代の男女350人を対象に実施した意識調査では、「人からバカにされたくない思いが強い」という人が過半数に達していることがわかりました。今や「見下され不安」に脅かされているのは若者だけではないのです。こうして年齢を問わず屈折した承認欲求に振り回される人が非常に多いことがわかりました。

さらに専門的な分析を行った結果、人の「上から目線」が気になる人ほど、次のような傾向があることが判明しました。

①他人に批判されると、それが当たっていてもいなくても無性に腹が立つ
②人からバカにされたくないという思いが強い
③何かにつけて不満に思うことがある
④何をやってもうまくいかないと思うことがある
⑤人と自分をすぐ比較してしまう
⑥仕事（勉強）が嫌でたまらないことがある
⑦人からどう思われているかがとても気になる

これをみると、現状への不満が強く、自信がなく、「見下され不安」の強い人ほど、「上から目線」に過敏になっていることがわかります。

相手のちょっとした言葉や態度に過剰に反応して、不機嫌になったり、挑発的な態度を取ったりするのも、「見下され不安」のせいで自分のことをバカにしていると曲解してしまうからなのです。

見下されたくないから自分にハンディをつける

セルフ・ハンディキャッピングという言葉を聞いたことがあるでしょうか。知らない方も多いかもしれませんが、実はだれもがこれを日常的に行っています。

たとえば、職場の仲間でボーリングに行くことになったとします。その際、

「ボーリングって、これまでに2回しかやったことないから、ほとんど初心者なんだよね」

と1人が言うと、別の人が、

「私は4～5回やったことがあるけど、それも高校生の頃だから、ボールを投げる感覚を忘れ

ているなあ。あなた、この前ボーリングに行ってたよね」
と言い出す。すると、話を振られた人は、
「うん、この前誘われて行ったけど、全然ダメだった。小学生の頃にやってから20年ぶりくらいだったから」
と、いかに久しぶりだったかを強調する。ボーリングに限らず、こんなシーンに思い当たる方も少なくないのではないでしょうか。

スキーにしろ、ゴルフにしろ、みんなで何かをやろうかという話になると、だれもがいかに経験が乏しいかを強調したり、いかに久しぶりであるかを強調したりします。

これが心理学でいう「セルフ・ハンディキャッピング」です。いざ自分がやってみて、下手だった場合に傷つくのを防ごうとして行っているわけです。

ほとんどやったことがないのだから、下手でも当然。ほんとうに久しぶりなのだから、うまくできなくて当たり前。周りの人たちにそこを強調することで、いざうまくできなかった場合に傷つくのを防ごうと必死なのです。

これはスポーツに限ったことではありません。

たとえば、昇進のための資格試験などに際しても、セルフ・ハンディキャッピングが横行しています。しっかり勉強をしたのに落ちたりすると、頭が悪いといったイメージをもたれてしまう怖れがあります。そうなるのを防ぐために、

「このところ忙しくて全然勉強できなくて……こんなときに試験だなんて、ほんと参るよ」

「風邪を引いちゃって、今日は朝から熱っぽくてボーッとして頭が働かないよ。困ったなあ」

などと、いかに自分が勉強をしていないかをほのめかしたり、いかに自分のコンディションが悪いかを強調したりします。

そう言っておけば、万が一、資格試験で成績が悪かったとき、

「準備勉強ができなかったから」

「熱があって頭が働かなかったから」

などと言い訳ができます。試験に落ちても、それが無能の証明にはなりません。そこをねらったセルフ・ハンディキャッピングと言えます。

これは、自己呈示の一種です。自己呈示とは、他者に対して特定の印象を与えるために、自分に関する情報を調整して与える行動を指します。こんなふうに見られたいという思いに沿って、自分の見せ方を調整するもので、印象管理とも言います。

他者から受け入れられるように気を遣い、自分に対して肯定的なイメージがもたれるように、あるいは否定的なイメージがもたれないように言動を調整する。それはまさに承認欲求によるものと言えます。

このように、セルフ・ハンディキャッピングとは、自分が否定的な評価を受けそうなときに、前もって自分にいかにハンディがあるかを強調したり、実際にハンディキャップをつくり出したりすることで、失敗による評価の低下や印象の悪化を予防しようとするもので、自己呈示の一種です。そして、それは承認欲求の挫折を防ぐための試みと言えます。ここで言う、ハンディキャップをつくり出すというのは、次のようなことを指します。

たとえば、試験前にわざとどこかへ遊びに行ってしまうというようなものです。それにより、万が一試験に落ちたとき、

「試験前に遊んじゃったからなあ」

と言い訳する余地をつくっておくわけです。

うまくいかなかったときに傷を負わないよう、予防線を張っておく。そんな人間の必死さをあらわすものの1つがセルフ・ハンディキャッピングであり、そこには「認められたい」という思いが強く働いているとみることができます。

不安の強い人は、たとえ何かでうまくいき、承認欲求が満たされたとしても、またすぐに不安になるものです。心理学的な研究でも、肯定的評価が得られないのではないかという不安の強い人は、人から高い評価を受けた場合も、自分の能力に疑いをもち、期待を裏切ってしまうのではないかといった不安がかえって高まることが示されています。

「見下され不安」に脅かされたり、セルフ・ハンディキャッピングを必死にしたりする背後には、強い承認欲求が潜んでいる。そのことがわかったはずです。

承認欲求は自己形成の原動力

人からどう思われるだろうか。いい人だとか、おもしろい人だとかいうように肯定的に見てもらえるだろうか。肯定的に見てもらえなかったらどうしよう。もしそうなったら傷つく。そういった思いに脅かされるのは、決して心地良いものではありません。でも、その思いが、だれもがもつ承認欲求によるものと思えば、多少は気が楽になるのではないでしょうか。

つまり、私たちは、「見下され不安」に脅かされながらも、何とかして人から認めてもらいたいと強く願っているのです。

これまでに見てきたさまざまな事例でもわかるように、承認欲求に動かされ、周囲から認められたいと思うことで、私たちは成長できているのです。

幼い頃は、親から認められたい思いが成長の原動力になることは、第1章の冒頭で解説しましたが、その後は友だちから認められたい、先生から認められたといった思いも加わり、さまざまな形で成長が促されていきます。

社会に出れば、職場の人たちに認められたい、取引先や顧客から認められたいなどといった思いも加わります。

仕事のできる人物として認められたいという思いが、仕事力の向上を促します。また私生活では、誠実な人物、思いやりのある人物として認められたいという思いが人間的成長を促していきます。

その途上では、思うように仕事ができない自分に苦しんだり、人間的魅力に乏しい自分に対する自己嫌悪に陥ったりして、苦しむことがあるかもしれません。しかし、そうした葛藤は、今の自分を乗り越えようという意思のあらわれと見ることができます。

このような意味において、承認欲求は自己形成の原動力と言えます。

ゆえに、承認欲求に振り回されて苦しんでいる場合、大切なのは自分の中の承認欲求を否定することではなく、むやみに振り回されずに、適切に対処して、承認欲求をうまく活かすことです。そのための方法については、次章で具体的に示していきます。

承認欲求を捨てれば楽になるか？

人からの承認を求めて苦しむ必要はない、承認欲求は捨てれば良い、そうすれば楽になる。そのようなことを言う人もいます。

しかし、果たしてほんとうにそうでしょうか。承認欲求を捨てれば楽になるのでしょうか。第1章で見てきたように、承認欲求が成長の原動力になっているとしたら、承認欲求を捨てて開き直ることで成長が止まったりしないのでしょうか。

心理学者のヘーゼル・ローズ・マーカスと北山忍は、文化によって自己のあり方が異なるという立場から、欧米的な独立的自己観と日本的な相互依存的自己観を対比させています。

たとえば、自分の特徴をあげさせると、アメリカ人の多くは、積極的とかスポーツ万能といった自分自身の特徴をあげます。それに対して日本人の多くは、社会的所属、地位、お母さん子、長男などといった、人との関係をあげています。

マーカスと北山は、このようなアメリカ人の傾向は、欧米文化では個々の人間が本質的に離ればなれになっているものなのだという信仰があり、だれもが他人から独立し、自分固有の特性を発揮するように求められることによると分析しています。

一方、日本のような非西欧文化では、自分自身を周囲との社会関係の一部とみなし、かかわりのある他者の思考、感情、行為をどのように受けとめるかによって、行動が決まってくると言います。

このような日米の人間観の違いを端的に表すのが、独立的自己観と相互依存的自己観の対比です。

欧米的な独立的自己観では、個人の自己は他者や状況といった社会的文脈と切り離され、その影響を受けない独自の存在とみなします。それに対して、日本的な相互依存的自己観では、個人の自己は他者や状況といった社会的文脈と強く結びついており、その影響を強く受けるとみなします。

また、独立的自己観では、個人の行動は本人の考えや感受性など、内的な条件によって決定されるとみなします。それに対して、相互依存的自己観では、個人の行動は他者との関係性や周囲の状況によって決定されるとみなします。

そして、独立的自己観では、自分の内的な能力を開発し、自分なりに納得のいく成果を出すことが自尊心に結びつくとみなします。それに対して、相互依存的自己観では、かかわりのある他者と良好な関係を築き、社会的役割を十分に担うことが自尊心に結びつくとみなします。

欧米的な価値観にいつの間にか染まっていた人でも、このように自己のあり方や行動が他者や状況から影響を受けるのも、他者と良好な関係を築いたり、社会的役割を担ったりすることが自尊心につながるのも、ごく自然なことのように感じるはずです。でも、欧米人は違うのです。

欧米流の独立的自己観に基づいて、自己は他者から切り離されているとみなす人なら、人からどう思われるかなど気にせず、承認欲求を捨てて生きることもできるかもしれません。

しかし、他者とのつながりの世界を生きている私たち日本人は、人からどう思われるかを気にせずに生きることは難しいのです。


私たちは、承認欲求を捨てて自分の思うように振る舞うことで、承認欲求に振り回される苦しみから解放されるかもしれません。ですが同時に、周囲にとけ込むことができなかったり、仕事ができるようにならず周囲に迷惑をかけ続けることになったりして、不適応感に苛まれることになるでしょう。関係性の世界を生きるからには、人から認められるかどうかを無視できないのです。

ゆえに、承認欲求を捨てたからといって、決して楽になることはありません。むしろ、承認欲求を捨てることは、すでに自己実現の域に到達している特別な人を除けば、ほとんど不可能なのです。

このように、相互依存的自己観のもとで自己形成してきた私たちは、いわば関係性としての自己を生きています。欧米人のように、個としての自己を生きているわけではありません。

私流に言えば、日本人は「個」の世界を生きているのではなく、「間柄」の世界を生きているのです。

「間柄」を大切にして生きる

そんな「間柄」の世界を生きる私たちは、双方向の視点をもち合わせています。

「I」が「ｙｏｕ」に対して独立的に、つまり一方的に自分を出すというのが、「個」の世界のあり方の基本と言えます。

自分の思うことを伝える際に、相手は関係ない。「個」の世界を生きるなら、ただ自分の思うところを自己主張すればいい。相手がどう思おうが関係ない。自分勝手でかまわない。自分の要求を口にすればいい。向こうが納得できなければ、向こうも強く自己主張してくる。それが「個」の世界の様相です。

しかし、「間柄」の世界を生きるとなると、そう単純にはいきません。相手のことを意識し、相手との関係にふさわしいように、相手を傷つけないように、気まずいことにならないように、相手が不満に思わないように、などと配慮しつつ、自分の思うところをうまく伝える必要があるのです。自分勝手な自己主張はできません。

相手がどう思うか気になるのも、間柄の世界を生きているからに他なりません。

私、僕、オレなど、一人称を相手との関係性によって変えるように、持ち前の共感能力を発揮して、相手が何を思っているか、相手が何を望んでいるかなど、相手の思いに配慮しながら、双方が心地良さを失わないようにものの言い方を調整する。思うことをそのまま言えばいいというように単純にはいかないのです。

なかには、はっきりと自己主張できないことに引け目を感じる人もいるようですが、自己主張が苦手なのは、決して恥ずべきことではありません。ただ、文化的に必要とされてこなかったというだけのことなのです。

「間柄」の世界を生きる私たちは、相手の気持ちや考えを察しようとし、相手の立場を尊重しようとするため、一方的にこちらの言い分を押しつけるようなことができません。だから自己主張が苦手なのです。

相手が何を望んでいるか、どう感じているかなど、相手のことを気にするのも、主体性がないというのではなく、相手の期待に応えたいから、つまり自分自身の満足のみを追求するような自己チューにはなれず、相手の満足を気にかけるからです。

言いたいことがあっても言えなかったり、要求があるのに遠慮したりするのも、自己主張のスキルが未熟だからというだけでなく、相手に負担をかけたくないから、そして相手からずうずうしい人物とみられたくないからなのです。そして、自己主張のスキルが磨かれていないのも、そのようなことに価値を置かない文化的伝統があるからだと言えます。

「自己中心の文化」と「間柄の文化」

このように、私たちは常に相手を意識して行動しています。私たち日本人には、他者から独立した自己などというものは存在しません。だからといって未熟なのではありません。

日本文化においては、他者から切り離された自己の方が、相手の事情に配慮できないという意味で未熟とみなされるのです。

私たち日本人の場合、「間柄」のなかで自己のあり方が決まっていきます。

何かと迷いがちで人に頼りたがる友だちの前では頼もしい自分になり、面倒見の良い友だちの前では多少甘える自分になる。先生から優等生として期待されると、期待に応えるべく必死に頑張る自分になる。上司や同僚から「できる人物」とみなされると、無理をしてでも人並み以上に仕事をこなそうとする自分になるわけです。

このように、相手との関係によって柔軟に形を変えるのが、日本的な自己のあり方と言えます。

私は前節でもお伝えしたように、欧米の文化を「自己中心の文化」、日本の文化を「間柄の文化」と特徴づけて対比させています。

「自己中心の文化」とは、自分が思うことを思う存分主張すれば良い、ある事柄を持ち出すか、ある行動を取るかどうかは、自分の意見や立場を基準に判断すれば良い、とする文化のことです。

そのような文化のもとで自己形成してきた欧米人の自己は、個として独立し、他者から切り離されています。

一方、「間柄の文化」とは、一方的な自己主張で人を困らせたり、嫌な思いにさせたりしてはいけない、ある事柄を持ち出すかどうか、ある行動を取るかどうかは、相手の気持ちや立場に配慮して判断すべき、とする文化のことです。

そのような文化のもとで自己形成してきた私たち日本人の自己は、個として閉じずに、他者に対して開かれています。

そのような日本的な自己のあり方に対して、欧米かぶれの人たちは主体性がないなどと批判的なことを口にします。しかし、自己主張を適度に抑え、相手を尊重しようとして、個として凝り固まらず、他者に対して開かれた姿勢が、争いごとの少ない調和的な社会を生み出しているのではないでしょうか。

そのような意味において、人の目を気にし、人から認められたいと思って頑張ることは、決して悪いことだとは言えないはずです。それどころか、好ましいこととも言えるのです。

海外の人たちを驚かす日本人の礼儀正しさ

日本人のマナーの良さには定評があります。

世界最大のオンライン旅行会社エクスペディアは、ヨーロッパ、アメリカ（北米・南米）、アジアパシフィックのホテルマネージャーに対して、各国観光客の国別評価調査を２００９年に実施しています。その結果、日本は9項目のうち「行儀のよさ」「礼儀正しさ」「清潔さ」「もの静か」「苦情が少ない」の5項目で1位となり、総合評価でも堂々の1位でした。つまり、世界最良のツーリストに選ばれているのです。

災害時に略奪が滅多に起こらないことも、私たちは当たり前のように思っているかもしれませんが、海外の人たちにとっては驚くべきことのようです。

このように礼儀正しく、攻撃的にならず、できるだけ平和に解決しようという姿勢は、はるか昔から日本人の中に根づいているとされています。

たとえば、ケンペル、シーボルトと並んで長崎出島の三学者のひとりと数えられるツュンベリーは、1775年~76年に日本に滞在し、その様子をまとめた旅行記の中で、日本の印象について詳細に記しています。

ツュンベリーは、日本人ほど礼儀正しい国民はいないと言います。幼い頃から従順さをしつけられ、年配者もその手本を示す。身分の高い者や目上の者に対して、礼を尽くすのはもちろんのこと、身分が対等の者に対しても、丁寧なお辞儀をして挨拶を交わす。そのように記されています。

また、日本で商取引をするヨーロッパ人の汚いやり方や、その欺瞞に対して、侮りや憎悪、警戒心を抱くのが当然と思われるような場面でも、日本人は非常に寛容で、善良であることに驚かされたとも記しています。

時代をさらに遡ってみても、たとえば安土桃山時代に相当する1579年から1603年にかけて、三度日本に滞在した宣教師ヴァリニャーノは、日本人はだれもがきわめて礼儀正しく、一般の庶民や労働者でさえも驚嘆すべき礼節をもって上品に育てられていたと言います。その姿は、まるで宮廷の使用人のようで、礼儀正しさに関しては東洋の他の民族のみならず、ヨーロッパ人よりも優れていると記しています。

日本人は、一切の悪口を嫌悪し、それを口にしないように意識するため、日本人の間には争いごとが少なく、平穏が保たれている。子どもたちの間でさえ、聞き苦しい言葉は口にしないし、ヨーロッパ人のように平手や拳で殴り合って争うようなこともない。極めて儀礼的な言葉をもって話し合い、とても子どもとは思えないような冷静さと落ち着いた態度が保たれ、相互に敬意を失うことはない。これはほとんど信じられないほどである。日本人は、さまざまな点でヨーロッパ人に劣るところはあるものの、優雅で礼儀正しく理解力があるという点においては、ヨーロッパ人を凌ぐほど優秀だ。そのように記しています。

「人の目」を気にする日本人

なぜ日本人はそれほどマナーが良いのでしょうか。その最大の理由は、「人の目」を気にするからに他なりません。「みっともないことをしてはいけない」「他人に迷惑をかけてはいけない」と思いながら、人と接しているからです。

私たち日本人は、子どもの頃から、

「他人様（ひとさま）に顔向けできないようなことをしてはならない」

「人から後ろ指を指されるようなことをしてはならない」

「人から尊敬されるような立派な人物になるように」

と言われて育ちます。望ましくない行動をとったり、期待に応えられなかったりすると、

「そんなことをしたら、笑われるよ」

「こんなこともできないなんて、みっともない」

「そんな言い訳をするのは見苦しいぞ」

などと言われます。


このようにして、「人の目」が意識の中に組み込まれていき、恥の意識を身につけていくわけです。

笑われたくない。みっともないことはできない。恥ずかしい姿をさらしたくない。それは言い換えれば、世間体が悪いことはできないということになります。そうした思いが、自分の行動をコントロールする原動力になっていきます。

「人の目」を気にする日本人と自嘲気味に言う人もいますが、「人の目」を気にしない方が、よ

ほどタチが悪いとも言えます。「人の目」を気にしないことが、人に迷惑をかけても平気、人を傷つけても平気というような、自分勝手な行動につながります。

「人の目」＝「相手の思い」を意識することで、利己的な思いをコントロールするのが日本流であり、それによって秩序が保たれるのです。ただし、それが行き過ぎて苦しいことがあるのも事実です。

何ごとも行き過ぎは禁物ですが、「人の目＝相手の思い」を意識しなければ、勝手な自己主張と自己主張がぶつかり合うような、攻撃的な社会にならざるを得ないでしょう。

「人の目」が気になってしょうがない。人からどう思われるかが気になって仕方ない。人からよく思われたい気持ちが強く、人に合わせようとしすぎるから苦しい。

そうした心理の背後には、人から悪く思われたくない、でも相手に合わせるのに気を遣うのも鬱陶しい。嫌われてもいいから、もっと自由になりたいといった葛藤が渦巻いているのです。

そんな葛藤に満ちた心を抱えているからこそ、ベストセラーである『嫌われる勇気』が生まれたのでしょう。その大ヒットの背景には、「嫌われたくない」「でも鬱陶しい」という葛藤が渦巻く現代人の心理傾向があったと言って良いでしょう。

「人の目」を意識することで世界でも稀なほどに治安が保たれている

「人の目」、いわば世間体を気にする日本の文化は、欧米と比べて成熟していない。世間の目を気にするのではなく、しっかり自分をもち、自分の価値基準で物事を判断すべきだ。

そのようなことを言ったり、「恥の文化」の日本人の倫理観は未熟だと、専門家とされる人物がコメントすることがあります。

「恥の文化」を脱して、「罪の文化」の欧米を見習うべきと、自嘲気味に言う日本人さえ見受けられます。

では、なぜ「恥の文化」の国の方が、「罪の文化」の国よりも犯罪が少なく、治安が良いのか。なぜ「罪の文化」の国の方が、自分勝手な自己主張が多く、戦争だらけの血なまぐさい歴史をもつのか。そこに疑問をもつべきなのではないでしょうか。

物理学者の湯川秀樹は、短い自叙伝の中で自己分析を行っていますが、その中で罪悪感と恥の感覚について触れています。

「一体私たち日本人には西洋人が持っておるような罪悪感、或はインド人やアラビアの人などの——私はよく知りませんが——信仰に関係した罪悪感、そういう深刻なものを私たちは持っていない。それとはちょっと違って、何かこんなことをしたら恥かしい、他の人に対して、また世間に対して恥かしいという気持ですね。この方は日本人の方が他の国の人より強い」(湯川秀樹『本の中の世界』岩波新書)

このように、とくに心理学的な問題をテーマにしなくても、恥の意識は私たち日本人にとっては非常に身近なものと言えます。日本人なら、だれもが恥の意識によって自分を律しているといって良いでしょう。

作家の司馬遼太郎は、世界のたいていの民族は、宗教など絶対原理のようなもので飼い慣らされていくことでしか、社会は維持できないと考えているのに対して、日本がそういうものなしに秩序が保たれているのは、「恥ずかしいことをするな」といった美意識があるからだと述べています。

「恥ずかしいことをするな」「そんなことを言っては笑われる」など、私たちには「カッコいい、カッコ悪い」といった美意識があります。そういった美意識だけで、社会が長く保たれてきた国というのは、日本だけしかない。犯罪率が低いのも、犯罪がカッコ悪いからだ。そのように言います。

それを受けて、日本文学研究者のドナルド・キーンは、泥棒がどこかの店の老婆を殺して捕まり、取り調べを受けて自白するような場合、日本人は必ず「申し訳ない」とか「とても悪いことをした」とか言うけれど、犯人が外国人ならまず否定し、最終的に自白せざるを得なくなったとしても、悔しそうにムッとした顔をするだけで、「申し訳ない」などとは絶対に言わないと述べています。日本では、どんな凶悪犯でも、自分の犯行を認めて、悪かったというようなことを言う場合が多いが、それは神に対する罪悪感ではなく、社会に対する罪悪感が関係していると言います。

それに対して、司馬が「社会というより世間ですね」と言うと、「そう、世間です」とキーンも同意しています。

インド哲学者の中村元も、アメリカ人など外国人の犯罪者は自白せず、何かと理屈をつけて言い逃れようとするけれど、日本人の犯罪者は、何かの拍子にホロリと自白することがあると指摘しています。それは、日本人の情緒的傾向とも関係があるのではないかと分析しています。

被害者に対して「申し訳ない」という思いを強く感じる共感的な情緒傾向も関係しているでしょうが、やはり悪いことをして開き直るのは「見苦しい」「はしたない」「恥ずべきことだ」「そんなみっともないことはできない」といった感受性、いわば「人の目＝世間の目」を内面化した美意識のようなものが、私たちの中で強く働いているのではないでしょうか。

このように見てくると、「人の目」を強く意識し、人から認められたいと思うのは、決して悪いことではなく、むしろそうした承認欲求のおかげで成長が促され、人間関係も良好に保たれ、治安の良い社会が築かれていることがわかってきます。

そうは言っても、「人の目」にあまりに縛られるのもきついし、疲れてしまいます。そこで必要なのは、承認欲求を捨てることではなく、上手にコントロールすることです。

次章では、承認欲求のコントロールの仕方について考えていきます。

第5章

承認欲求を上手にコントロールする

日々の行動の背後にうごめく承認欲求

同僚から勤務シフトを替わってほしいと言われ、ほんとうはその日に予定があるから替わりたくないのに、断れずに受け入れてしまう。

疲れていて早く帰ってゆっくりくつろぎたいのに、同僚から食事に行こうと誘われると、断れずに付き合ってしまう。

仕事がたくさんありいっぱいいっぱいなのに、上司からさらに仕事を振られると、現状をアピールせずに無理して引き受けてしまう。

落ち込むことがあり、とてもはしゃぐような気分でないときも、重たい空気にしないように、人前では無理して明るく振る舞ってしまう。

友だちの言っていることに同意できなくても、気まずくなりたくなくて、心ならずも同意しながら聞いてしまう。

このような傾向が自分にもある、という人は多いのではないでしょうか。それは決して悪いこととは言えません。

人から何か頼まれて、ほんとうは嫌なのに嫌と言えないのは、相手の期待を裏切りたくないからです。実際、それによって相手は助かっているはずです。

人の言うことが間違っていると思っても、それは違うのではないかと言えないのは、相手を否定する感じになって気まずくなるのを避けたいからです。そのおかげで相手は嫌な気分にならずにすみます。

落ち込むようなことがあっても、無理して明るく振る舞うのは、相手に気を遣わせたくないからです。そうすることで、相手に重荷を背負わさなくてすみます。

このような行動パターンは、いずれも相手にとってのいい人でありたいという思い、いわば承認欲求に基づくものと言えます。

このように振る舞う結果、相手、あるいは周囲の人たちは助かっているのだから、こうした行動パターンをすべて変える必要はありません。問題なのは、無理をして自分を抑えすぎて、ストレスを溜め込んでしまうことです。そこをうまく見極める必要があるのです。

「別れた後にホッとする人」の心理

同僚たちと一緒に食事して帰るのは別に苦ではないし、あれこれ話をして盛り上がるのは楽しいし、無理をしてつきあっているつもりはない。でも、みんなと別れて1人になると、なぜかホッとする自分がいる。ドッと疲れが出たりする。そんなことがあると、自分がどこかで無理をしていることに気づきます。

人と一緒にいると楽しいものの、気を遣わないといけない面もあって気疲れするものです。それは特別無神経な人を別にすれば、だれにもある心理です。前章の後半で見てきたように、間柄の世界を生きる私たち日本人は、だれもが周囲の反応に気を遣いながら自分の出方を調整する習性を身につけています。

だれもが多かれ少なかれ、周囲の反応を気にしており、それぞれの顔色をうかがっているものです。

自分が何か言うたびに、

「今の発言、大丈夫だったかな」

「ちょっと言い過ぎちゃったかな」

などと、周囲の反応が気になり、何だか少し様子がおかしいと感じると、

「気分を害したんじゃないか」

「傷つけちゃったかもしれない」

と気になってしまいます。


周りの様子が気になるのは、傷つけないようにとか、反感をもたれないようにと思うからだけではありません。自分の話がつまらないのではないかといった不安もあったりします。

みんなで楽しくしゃべっているときも、自分の話術に自信がない場合は、

「つまらないヤツって思われてないかな」

「退屈させてないかな」

と気になってしまいます。そうした気の遣い方は、とくに珍しいことではありません。


このような話を大学の授業でするると、学生たちが、

「友だちと一緒にいて楽しいはずなのに、別れた後に疲れが出ることがよくあるんですけど、その理由がわかりました。僕はだれとでも仲良くなれると思っていたんですけど、けっこう友だちにも気を遣っていることに気づきました」

などと言いに来たりします。


なかには、友だちを傷つけないように、友だちの反感を買わないように気を遣うだけでなく、友だちの期待に応えようと無理して合わせてばかりで、「これが友人関係なのだろうか」と苛立ったり、絶望的な気持ちになったりすると、心の中の葛藤を吐露する学生もいます。

そうした気遣いをするのは、もちろん悪いことではないし、相手の気持ちを思いやるという

点では望ましいこととも言えます。しかし、それにとらわれすぎると、生きづらさにつながってしまいかねません。ゆえに、自分自身の気遣いの傾向を自覚し、ストレスを溜め込まないように、無理をしすぎていないかチェックしておく必要があります。

「やさしい人」「よく気がつく人」の背後に潜む承認欲求

承認欲求に振り回されて苦しむ人が多いためか、承認欲求は捨てるべきといったアドバイスがなされることがあります。ですが、それは行き過ぎたアドバイスと言わざるを得ません。

ある女性は、職場の同僚から、

「そんなふうに人に気を遣っていると疲れるでしょう。職場でいい人ぶっていてもしょうがないよ」

と言われ、自分としてはいい人ぶってるつもりはないし、疲れるというほどでもなかったけど、人からはそんなに無理してるように見えるのかと思い、もう少し気楽にいこうと思うようになりました。そんな思いを口にしたら、その同僚から、

「そうだよ、もっとわがままになっていいんだよ。私なんてまったく気を遣わずに言いたいことを言っているから」

と言われました。

でも、あるとき、別の同僚たちが自分の噂をしている声が聞こえてきました。前はとても感じのいい人だったけど、この頃少し自分勝手なところがある、だんだん素の自分が出てきたのかな、などと陰で言われていたのです。

そんな声が聞こえてきたため、混乱してしまったと言います。周りの人に気を遣って感じよく振る舞うのが自分にとって自然だったのか、それとも無理をしていい人のフリをしていただけなのか。気を遣わずに自己主張をするのが自分にとって自然なのか、それとも自分勝手に生きている同僚の影響で自分を見失っているだけなのか。

気を遣い、自分を抑えすぎて人間関係に疲れた人が、中途半端なカウンセリングを受けた結果、それまでは気配りのできる感じの良い人だったのに、急にわがままな人になってしまうことがあります。

無理をしすぎて苦しんでいる人が、

「そんなに無理をすることはないんだよ」

とアドバイスされることで、無理をまったくせずに言いたいことを言い、負担になることはすぐに断り、相手のことを気遣うことなく自分勝手に振る舞うようになることもあります。

そのような事例を見て思うのは、何でも中庸が望ましいのに、ともすると極端から極端へと振れてしまいがちだということです。

やさしい人と周囲から思われている人は、やさしい人というイメージにふさわしい行動をとるために多少の無理をすることもあります。そこにも承認欲求が潜んでおり、やさしい人と思われたい、そのイメージを壊したくないといった思いがあったりします。

よく気がつく人と周囲から思われている人は、そのイメージにふさわしい行動をすべく無理することもあります。そこにも承認欲求が潜んでおり、よく気がつく人と思われたい、そのイメージを壊したくないといった思いがあります。

このような承認欲求のお陰で周囲と良好な関係が築けているといった側面があります。無理をしすぎて苦しいというなら話は別ですが、そうでない限り、承認欲求に動かされて多少の無理をして頑張るのは決して悪いことではなく、むしろ好ましいことでもあるのです。

「できる人」「頼れる人」の背後に潜む承認欲求

仕事のできる人として定評のある人物が、承認欲求を捨てるように言われて、平凡な人になってしまうこともあります。

ある男性はばりばり働き、仕事をテキパキとこなす自分が好きで、そんな自分を誇りに思っていました。ところが、承認欲求で苦しむ人たちを扱う雑誌の記事で、承認欲求を捨てれば楽になると書いているのを読み、考え込んでしまったと言います。

自分は仕事ができることを自慢に思い、ノルマ達成に向けて必死に頑張り、成長するための勉強も怠らずにやってきたけれど、たしかにきつくないかと言われればきつい。そんなにがむしゃらに働かずに、適当に流していれば、きっと楽になるに違いない。

でも、周りには仕事を適当に流している人もいるが、あんなふうにいい加減な働き方をする気にはなれない。無理をしなければ楽かもしれないけれど、充実感も達成感も味わえないし、気分も上がらないだろう。

そのように考えて、結局は承認欲求を捨てるのはやめて、これまで通りの働き方を押し通すことにしたそうです。

仕事のできる人は、「できる人物」と周りから認められたいという思いを強くもっているものです。だからといって、それが悪いわけではなく、強い承認欲求のおかげで仕事の力がどんどんついていくわけです。

活躍しているスポーツ選手だって、周囲から認められたい思いが強いのがふつうです。その思いが強すぎて潰れてしまう選手もいれば、それを源動力にして力をつけ、成果を出している選手もいます。

「できる人」と見られたい。「頼れる人」と見られたい。そう思って頑張っている人たちは、承認欲求に突き動かされているわけですが、その強い承認欲求のおかげで成長できているのです。

仕事でも勉強でも、スポーツでも芸術でも、成長するためには無理をしてがむしゃらに頑張ることも、時として必要です。それが承認欲求による動きだからといって、否定すべきではありません。

うっかり否定してしまうと、せっかくの成長軌道から逸れてしまいかねません。

息苦しさの背後に潜む承認欲求に気づく

大切なのは、承認欲求を悪者のように全否定するのでなく、良い影響を与えている面と、そうでない面を見極めることです。

承認欲求のおかげで、がむしゃらに頑張って仕事能力が高まったり、気配りをして人間関係が円滑になったりしている点は、まさに良い影響と言えます。繰り返しになりますが、人から認められようと思って多少の無理をするのは、決して悪いことではありません。

問題となるのは、無理をしすぎて疲弊するほどにストレスを溜め込むような場合です。

たとえば、周囲からどのような人物とみられているかに応じて、自分の出し方を調整するというのは、人づきあいにおいて必要不可欠なことです。それぞれの所属集団にふさわしいキャラを演じることもあることでしょう。

しかし、時にキャラに縛られ、無理をして自分を抑えなければならず、その結果息苦しさを感じることがあります。そんなときは、ちょっと自分を振り返ってみる必要があります。

20歳前後の大学生約２００人を対象に、私が実施した調査の結果を見ても、「自分のキャラがきゅうくつに感じることがある」という人が22・1％、「自己のイメージと友だちがもっているイメージがずれているように感じる」という人が45・2％、「こう見られたい自分のイメージ通りになかなか友だちから見てもらえない」という人が35・7％となっており、かなりの若者が自分のキャラに縛られ、無理をしていることがわかります。

その結果、「別のキャラに変わりたいと思うことがある」という人が31・３％もいるのです。ただし、いったん固定したキャラを変えるのは、そう簡単なことではないのは、皆さんもよくおわかりでしょう。

いじられキャラの人は、いじりが行き過ぎていじめのように感じ、もう我慢できないとキレそうになったりすることもあるはずです。それでも怒るのはキャラに反するため、なんとか必死に我慢する。笑わせキャラの人は、時には悩むこともあり、とても笑える気分ではないのに、みんなと会ったとたんに満面の笑みで冗談を言って周囲を笑わせる。それによってストレスが溜まっていくわけです。

それほどに、キャラの規定力は強く、だれもが周囲の視線に強く縛られているのです。なぜなら、その場にふさわしいキャラを演じている限り、所属欲求や承認欲求が満たされるからです。

日頃の自分を振り返ってみて、これは無理をしすぎているなあ、かなりストレスを溜め込んでいるようだと感じたら、承認欲求との付き合い方を少し調整することを考えないといけないでしょう。それについては、また後で考えることにしますが、ストレス状態でまず必要なのは、ストレスコーピングです。

ストレスコーピング

同じようにストレスがかかっていても、落ち込んだり体調を崩したりといったストレス反応が出やすい人と、ストレス反応が出にくい人がいます。後者の場合、ストレスへの対処が日頃からうまくできているものです。そこで使われているストレスに対処する行動のことをストレスコーピングと言います。

ストレスに負けないためには、ストレスコーピングがストレス反応を和らげること、そしてストレスコーピングには具体的にどのようなものがあるかを知っておく必要があります。

それを踏まえて、自分なりのストレスコーピングのスタイルを確立することが大切です。そのためにも、自分にできそうなストレスコーピングのレパートリーを考えてみると良いでしょう。

ストレスコーピングにもいろいろありますが、とくに役立つのが「情動発散型」のストレスコーピングです。いわば、気分を発散し、気分転換しようというストレスコーピングです。

具体的には、次ページの図のようなものが考えられます。

ここにあげたのはあくまでも一般的な例ですが、これを参考にして自分なりのストレスコーピングのレパートリーを考え、日頃から実践するようにしましょう。ストレスコーピングができていれば、たとえストレスがかかった場合も、それによる病的反応が出にくくなります。

ストレスに強い人は、ストレスを溜め込みすぎないように、趣味に浸る時間をもつようにしたり、気晴らしをしたりと、日頃からストレスコーピングを心がけているものです。ストレスが溜まっているのを感じたときには、いつも以上に意識してストレスコーピングをするという人もいます。

たとえば、ストレスが溜まっているなと感じたら、友だちを誘ってカラオケで思い切り声を出して発散するという人。

ちょっとイライラしているなと思ったなら、仲間に声をかけて行きつけの店で飲食しながら

情動発散型のストレスコーピング

1. 帰宅後に好きな音楽を聴く
2. 帰宅後に好きな映画やテレビドラマを観る
3. 帰りに好みのデザートや飲み物を買って、家でくつろいで楽しむ
4. 帰り道でちょっと贅沢な食事をする
5. 帰りにスポーツジムでトレーニングに汗を流す
6. 帰りに行きつけのスナックなどでおしゃべりをしたり唄ったりする
7. 休日にショッピングに出かけ、美味しいものを食べる
8. 休日に友だちと集まってテニスやフットサル、ボーリングなどスポーツを楽しむ
9. 休日に友だちとカラオケをする
10. 休日にスポーツ観戦に出かける
11. 休日に美術館やコンサートに出かけたりして文化的刺激を楽しむ
12. 週末に気心の知れた友だちと食事をしながらいろいろおしゃべりをする
13. 天気の良い休日にハイキングに出かけるなど自然にどっぷり浸かって過ごす
14. 休日に近場の天然温泉の施設に行ってくつろぐ
15. 連休などに旅行に出かける

おしゃべりして発散するという人。

嫌な気分になったら、ヤケ食いのように美味しいものをお腹いっぱい食べて発散するという人。

これらはあくまで一例ですが、友だちを誘っても都合があわないこともあるし、好きなスポーツをやっていない季節もあるので、ストレスコーピングは1つに絞らず、レパートリーは複数もつようにするのがポイントです。

承認欲求の強さがもたらす被害者意識

今は自己愛の時代と言われるように、自己愛が増殖しやすい時代です。自撮り投稿や笑いを取ろうとする悪ふざけの投稿なども、その象徴と言えるでしょう。

そんな時代だからこそ、現実離れした自己像をもつ人が少なくありません。その現実離れした自己像、つまりカッコイイ自分、有能な自分、みんなから人気のある自分といったイメージに傷がつかないよう、幻想的な万能感に必死にしがみつこうとします。

そのために、力が及びそうにないことにはあえてチャレンジせずに目をつぶりつつ、虚勢を張る。そこで必要なのは、人からの承認や賞賛です。絶えず承認され賞賛されていないと、自己愛的に描かれた自己像が維持できず、幻想的万能感が崩れてしまいます。


承認を求め、賞賛を求めるというように、他人に依存する姿勢が強いと、傷つきそうになったときに被害者意識が刺激され、攻撃的な反応を示しやすくなります。

承認欲求があまりに強いため、認めてもらえないと、

「なんで認めてくれないんだ」

といった思いになり、攻撃的反応を示すことになるわけです。

傷つきそうになると、攻撃的な姿勢で身構える。これは、生物としてごくふつうの防衛反応と言えます。自信がなく、不安が強い場合に、そうした反応が強く表れやすいのです。

たとえば、人のちょっとした言葉や態度に過剰に反応します。相手が何の悪意もなしに口にした言葉にも、

「人のことをバカにしている」

といって過剰に反応したり、相手がただ気づかなかっただけなのに、

「無視された」

などと過剰に反応したりします。

ちょっとしたことで自分を全否定されたかのようにキレたりするのも、自己愛が傷つけられ、虚勢を張っている自分が崩れてしまう怖れを感じるからに他なりません。幻想である万能感を打ち砕かれ、自分を包み守ってくれている保護膜が取り除かれる恐怖から、攻撃的な反応に出るわけです。

期待していたような評価や賞賛が得られないとき、自分の思うようにならないときに攻撃性を爆発させる。しかも、相手には何の悪意もなく、攻撃的な態度を一方的に取っているのは自分の方なのに、そんなことにはお構いなしに、まるで自分が攻撃されたかのように被害者意識

を抱き、怒りまくる。

それはあまりに強烈な自己愛が自信のなさと融合することで起こる現象です。周りの人が自分のために動いてくれるはず、みんな自分によくしてくれるはずといった自己中心的な気持ちが強いため、期待通りの反応が得られなかったときに過剰反応を示すことになるのです。

評価してくれない、お膳立てをしてくれないなどといって、見当違いの恨みを抱く。そのような場合も、周りの人に対する自己中心的で依存的な期待感が被害者意識を刺激するのです。実力不足で仕事が思うようにいかなくても、評価してくれない他人のせい、お膳立てしてくれない他人のせいということなら、幻想的万能感を維持できます。

思い通りにならず、自己愛が傷つきそうになると、うつのようになるタイプもあります。

ここでのうつとは、従来のように、生真面目で責任感が強い人物が自責の念に駆られるメランコリー型のものではありません。どちらかというと責任感が乏しく、自責の念に駆られ苦しむというより、他人や組織のせいにするもので、「新型うつ」とか「現代型うつ」と呼ばれたりもします。

仕事は気軽に休めても、遊びに出かけたりして楽しむことができる。気分の浮き沈みが激しく、他人のちょっとした言動に傷つき、その人の責任を追求したり、被害者として訴えたりする。うつを隠そうとせず、むしろうつであることによる特別待遇を求めるようなところがある。すなわち、わがままで自己中心的な気分の落ち込みと言えます。

このように、無力な自分の現実を突きつけられそうなときに示す、異常なまでに強い被害者意識と攻撃性、そしてうつ的な気分も、幻想的万能感に必死にしがみつくことで自己愛の傷つきを防ごうとする悪あがきといって良いでしょう。

相手の反応を深読みしすぎない

そのように攻撃的にならない場合でも、承認が得られるかどうか不安なとき、私たちはつい相手の反応を深読みしてしまいがちです。

たとえば、親密な関係になりたいのに、なかなか親密な相手ができないという人は、不安なあまり自分から相手を遠ざけるような態度をとってしまうことがあります。

その不安の中心には、相手からどう思われるかという意識があります。もっと言えば、好意的に見てほしいけど、どんなふうに見られるかがわからない。好意的に見てもらえる自信がない。そこで、不安でいっぱいになってしまうのです。

だれでも人からどう思われるかは気になるものです。前章でも指摘したように、とくに日本人は「人の目」を気にする傾向があり、だれがなんと言おうとこれが自分なのだと自信をもって言える人などほとんどいないでしょう。人から肯定的に評価されれば自信がもてるけれども、否定的な反応が返ってきたら、自信は打ち砕かれ、気持ちが萎えてしまいます。

仕事上で事務的にかかわるだけの人であれば、どう思われようとあまり気にはならないはずです。それが親しい間柄になると、自分をさらけ出して付き合いたい、自分のことをわかってほしいといった思いがあるだけに、相手からどう思われるかがどうしても気になってしまいます。

異性からデートに誘われたような場合も、同性からどこかに遊びに行こうと誘われた場合も、嬉しい気持ちは強いのに、躊躇してしまい、口実を探して断ってしまうことがあるという人もいます。それも、よく思ってもらえる自信がなく、相手からどう思われるかが人一倍気になるからに他なりません。

相手からどう思われるかを過度に気にする人は、勇気を出してデートの誘いに乗った場合にも、絶えず不安と闘うことになってしまいます。

「一緒にいてもつまらないと思われていないだろうか」
「自分なんかより、ずっとおもしろい人がたくさんいるだろうに」
「きっとつまらないヤツだと思っているに違いない」
「誘ったことを後悔しているんじゃないだろうか」

「もう、次は誘われないだろうな」

などといった思いが頭の中を駆けめぐり、遊園地で遊んでいても、モールでショッピングや食事をしていても、楽しむような気持ちの余裕はありません。


相手が歩き疲れて、ちょっと疲れた表情をしただけなのに、

「きっと私といてもつまらないんだ」

と曲解したり、相手も口べたで口数が少ないだけなのに、

「やっぱり私と喋っても楽しくないんだ」

と勘ぐったりしてしまいます。向こうはデートを楽しんでいるのに、

「うんざりしているんだろうな。もう会ってくれないだろうな」

と悲観的な気分になり、態度もぎこちなくなってしまい、自らデート気分を台無しにする態度を取ってしまったりします。


飽きられたらどうしようといった思いから、わざと誘いを断る人もいるようです。あまり頻

繁に会ったりすると、自分なんかきっと飽きられるにきまっている。そんな思いから、逃げ腰になってしまうのです。

そうすると、相手は避けられているのだと勘違いして、誘わなくなります。結局、相手からどうみられるかを気にするあまり、自分からチャンスの芽を摘んでしまうのです。

ゆえに、相手の言動を深読みするのは禁物です。せっかくの関係を台無しにしないためにも、本項と前項で見てきたような承認欲求が引き起こしがちなトラブルについて知っておき、承認欲求をうまくコントロールすることが大切です。

無理していい人を演じない

相手に気を遣うことで人間関係が良好になるとはいっても、行き過ぎは禁物です。

承認欲求の充足にとらわれ、いい人と思われようと無理しすぎると、ストレスが溜まり、疲れたり、時に我慢が限界を超えて爆発し、かえって関係を悪くしたりすることにもなりがちです。

気遣いができて、遠慮深く、ずうずうしい自己主張をすることもなく、周囲に合わせることができる人。

このタイプは、周囲からはいい人に見られるし、気楽に生きているのかと思えば、そうでもないようです。

元々気配り上手で、他人のことをよく考え、利己的な主張をすることのない人の場合は問題ありませんが、無理にいい人を演じている場合は、大きなストレスを溜め込んでいる可能性があります。

また、本人は無理をしている意識がなくても、無意識のうちに無理をしていることもあります。よくあるのが、子どもの頃から人の顔色をうかがうクセが身に染みついているケースです。

ある30代の女性は、母親が情緒的に不安定な人で、すぐに動揺したり、怒り出したり、泣き出したりするため、幼い頃から非常に気を遣いながら過ごしてきたと言います。

「今思えば、母はとても精神的に未熟な人だったんですね。思い通りにならないことがあると、すぐに感情的になる。近所の人や親せきの人についての泣き言をしょっちゅう聞かされました。父への愚痴も毎日のように聞かされました。いつも自分はみんなの犠牲になり、損ばかりしているというようなことをアピールするばかりで、幸せそうな様子を思い出すことができません」


しかし、その母親には、自分が不安定で子どもに精神的負担をかけているといった自覚はまったくなかったようです。

「母本人は、子どものことを考えている良い母親だと思っているみたいでしたけど、実は自分のことで精一杯で、私が悩んでいることとかをぶつけても動揺するばかりで建設的なアドバイスはありませんでした。もっと親らしくしてほしいと思い反抗したこともありましたが、『お母さんはこんなに苦労して一生懸命やっているのに、なんでわかってくれないの』と泣き出したりする始末でした」

「いつも母に負担をかけたり動揺させたりしないように様子をうかがいながら過ごしていたせ

いで、いつの間にか周囲の他人に対しても、自分を抑えて、相手に負担をかけないようにと様子をうかがいながら付き合うスタイルが身についたんだと思います。人からどう思われるかばかり気にしすぎて自由に振る舞えないのも、そのルーツは母との関係にあるんじゃないかと思うんです」

そんなふうに自己分析するその女性は、つい最近、恋人と大喧嘩をしてしまったと言います。きっかけはほんの些細なことだったそうですが、言い争っているうちに、とうとう怒り出した彼から、

「いい加減にみんなにいい顔するのをやめようよ。無理していい人を演じたりするから、いろんな思いを溜め込みすぎて、一番身近な僕に対してちょっとしたことで爆発するんだよ。いつも愚痴ばかり聞かされる上に、こんなことで口論になるなんて」

と言われ、小さい頃から母親にも負担をかけないようにと思って甘えられなかった分を、彼にぶつけていたことに気づいたのです。そのことを彼に話して、素直に謝ることで仲直りができ、お互いの理解が深まったとのことでした。

この女性の場合、母親が情緒的に未成熟な人であったため、幼児期の愛着の形成がうまくいかず、「見捨てられ不安」を強く抱えるようになってしまったわけです。「見捨てられ不安」とは、相手から見限られるのではないか、せっかく身近な存在になったのに離れていってしまうのではないかという不安のことを指します。

「見捨てられ不安」なんて自分には無縁だ。人から見捨てられるなんて考えたことなどないし、実際にだれかから見捨てられたこともない。そんなふうに思う方も多いかもしれません。しかし、「見捨てられ不安」を潜在的に心の中に抱えている人は、決して珍しくありません。

親しい相手ができると、その人が去ってしまうのではないか、その親しい間柄が束の間のものに終わってしまうのではないかといった不安に脅かされ、気持ちが落ち着かない。今までの人生の中で、そんなことはなかったでしょうか。

それは、まさに「見捨てられ不安」によるものと言えます。

「見捨てられ不安」を潜在的に抱えている人は、親しい友だちや恋人ができると、非常に嬉しい反面、増大していく不安に脅かされ、親密な間柄を楽しむ心の余裕を失い、むしろ苦しくなってしまいます。

せっかく親密な関係を手にしたのに、かえって苦しまなければならない。このような「見捨てられ不安」に苦しめられる経験を繰り返すことで、だれかと親しくなることを怖れるようになる場合もあるのです。

先ほどの女性は、うっかりしたことを言えば、母親を混乱させてしまう、そんなことをしたら嫌われるといった思いから、絶えず母親の様子をうかがいながら過ごしてきました。

その対人スタイルが他の人にも向けられ、人の顔色をうかがいながら、いい人を演じてきたわけですが、それではストレスを溜め込んでしまうのも当然でしょう。そこで、最も身近で甘えを受け入れてくれる恋人に対して爆発してしまう。気がゆるむため、うっかり自分の感情的な面やわがままな面を出してしまうのです。

これでは自分の最も大切な理解者に、すべての負担を負わせることになってしまいます。まだ遠慮がちな頃はうまくいくのに、付き合いが深まっていくとケンカが絶えなくなり、ついに破局を迎えてしまう。そんなパターンを繰り返す人は、心の深層に抱える「見捨てられ不安」に振り回されているのかもしれません。

ほんとうに親しい関係を築いていくためには、周囲の顔色をうかがうだけでなく、しっかり自分と向き合い、いい人でいようと無理をしすぎないことが大切になります。

SNSとの正しい付き合い方

承認欲求に振り回されないためには、SNSから離れる時間をもつことも非常に大切です。

SNSは、多くの人とつながることができる便利な道具ですが、「どう思われるだろうか?」と気にしなければならない相手を大量に増やす道具でもあります。しかも、そうしたSNSでつながっている何人もの相手のことを、一緒にいるときだけでなく、どこにいても、どんなに離れていても、何をしていても、四六時中気にしていなければなりません。

ＳＮＳは基本的に、文字を中心としたコミュニケーション手法です。そのため、表情も声の調子もわからず、文章に素っ気なさを感じて不安になることもあるはずです。それを避けるために絵文字を使ったりしますが、絵文字がないだけで気になってしまうこともあるでしょう。相手は単に時間がないために必要な返事をしただけで、否定的な感情など何もないかもしれないのに、気になって仕方がない。こうしたことが起こるのも、ＳＮＳで絶えずつながっているからに他なりません。

さらには、ＳＮＳで絶えず多くの相手とつながっているせいで、あらゆる行動が承認欲求に支配されてしまいます。友だちの数や「いいね」の数が数字として可視化されるため、そうした数字がどうしても気になってしまいます。

友だちの数で評価されるといった感受性を植えつけられることで、できるだけ多くのつながりをつくろうと必死になる。「いいね」の数を増やすために、ウケそうな発信をしなければというプレッシャーがかかる。「いいね」があまりつかないと、意気消沈してしまう。

このように、SNSに巻き込まれると、もはや手に負えないほど多くの「人の目」を意識しなければいけなくなります。さらに、ウケ狙いの発信をしたい気持ちが災いして、炎上するような投稿や、見栄を張っているのがバレバレな投稿をしてしまったりします。


インスタ映えなどと言われるように、自分がいかにお洒落な暮らしをしているか、幸せな日々を送っているかを見せびらかすように、写真の投稿を競うようにしている人もいます。それを見て、羨ましいと思うとともに自分がみじめになるという人もいますが、投稿された一連の写真に不自然さを感じて、無理してお洒落に見せかけたり、幸せを装っているのだろうと呆れる人もいます。

実際、恋人もいないのにまるでいるかのような書き込みをしたり、幸せを装うためにお金を払って友だち役や恋人役を演じてもらったりすることさえあるようです。

しかし、そんなことをやればやるほど、自分に自信がもてなくなります。自信がないため、ますます「人の目」に縛られ、承認を得ようと必死になります。これでは、まさに悪循環になってしまいます。

第3章で、承認欲求が強い人ほどインスタグラムやツイッターを利用する傾向があり、承認欲求があまり強くない人は利用しない傾向があることを指摘しました。同時に、承認欲求が強い人ほどスマホに絶えず依存し、承認欲求がそれほど強くない人はあまり依存しないことも指摘しました。

満たされた欲求は人を駆り立てないということからすると、スマホでSNSに依存している人は、現実生活では承認欲求が満たされていないことになります。

さらには、承認欲求が強いと、「いいね」がつかないことに対して過敏になり、反対に「いいね」がついても数が少なければネガティブな気分になりやすいことも示されています。それでは相手の反応に心が乱されるばかりで、落ち着いた生活は手に入りません。

ここで大事なのは、承認欲求をSNSで満たそうとするのではなく、身近な人間関係や勉強・仕事・趣味などで生活を充実させ、現実世界で承認欲求を満たす方向にシフトすることです。

承認欲求の虜になって、自身の生活の充実をひけらかすような写真を投稿するのに必死になり、それに対する「いいね」の数や、友だちの反応ばかり気にしていた人がいました。ただその人は、そんな毎日が面倒になり、思い切ってやめてみたそうです。そうしたら、気持ちがすっきりして、自分を取り戻すことができたと言います。

「人の目」を適度に気にすることは大切ですが、ＳＮＳで多くの人とつながることで、「人の目」にがんじがらめにされ、疲弊してしまうリスクがあります。そうならないためにも、ＳＮＳから遠ざかり、「人の目」から解放された時間をもつことが大切になります。

なぜホンネで付き合えないのか？

承認欲求に振り回されないためには、身近な相手とホンネで付き合えるようにすることが大事です。

お互い率直に自分を出し合って付き合える関係の中で、承認欲求が満たされていきます。満たされた欲求は人を駆り立てないため、承認欲求に振り回されることもありません。

そこで問題となるのは、なかなか率直に自分を出し合って付き合える関係が得られないことです。自分を率直に出したい。でも、出すのが怖い。そんな心理が働きます。いわゆる自己開示をめぐる葛藤です。

自己開示とは、自分の思いや経験を率直に伝えることで、心理的距離のバロメーターとみなされています。お互いのことをどのくらい知っているかで、心理的距離の近さがわかります。ところが、人づきあいに慣れていなかったり、自分に自信がなかったりすると、思い切って自己開示できません。そのため、なかなか親しい間柄が得られないのです。

では、何が自己開示をためらわせるのでしょうか。自己開示を抑制する要因について私が調査を行った結果、3つの因子が抽出されました。

第1の因子は、現在の関係のバランスを崩すことへの不安の因子です。これは、今の楽しい雰囲気を壊すことへの不安や、お互いに深入りして傷つけたり傷つけられたりすることへの怖れの心理を反映するものと言えます。具体的には、次のような思いをさします。

・あらためて真剣に胸の内を明かすような雰囲気ではない
・あまり重くならず、楽しい間柄でいたい
・下手に深入りして傷つけたり傷つけられたりということになりたくない
・話したことを他人に漏らされたりしたらイヤだ

第2の因子は、深い相互理解に対する否定的感情の因子です。これは、自他の違いを過大視し、他人と理解しあうことへの悲観的な心理を反映するものと言えます。具体的には、次のような思いをさします。

・自分の考えや気持ちはだれにもわかってもらえないと思う
・自分の思いや経験を人に話したってしようがない
・お互いに相手のことをそんなに深く知っている必要はないと思う
・どんなに親しい間柄でも、感受性やものの見方・考え方は違っているものだ第3の因子は、相手の反応に対する不安の因子です。これは、相手が共感的に話を聞いてくれるかどうかわからない、つまらないことを深刻に考えているなどとバカにされたらイヤだというような、相手の反応に対して不安を感じる心理を反映するものと言えます。具体的には、次のような思いをさします。

・相手も同じように思うかどうかわからず不安だ
・つまらないことを深刻に受けとめていると思われたらイヤだ
・意見が対立するようなことは避けたい

たとえば、親しい相手がほしいのに、心を開くのが怖くてなかなか心理的距離を縮められない人は、第1因子と第3因子に相当する不安心理を抱えていることになります。このような思いがあるために、率直に心を開きにくいわけです。

実際、150名ほどの大学生に、日頃よく話す友だちに自分の思いを率直に話しているかを尋ねる調査を行ったところ、ほとんどの人が率直に話すのは難しいと答えています。そしてその理由として、以上の3つの因子のいずれかに相当する心理をあげています。典型的な反応として、次のようなものが見られました。

相手の反応が気になり、プライベートなこととか、自分の内面については話せない。自分の意見にも自信がなくて、相手に呆れられてしまうのではと思ったりして、なかなか意見も言えない

友だちにホンネを言おうとしても、それを理解してくれなかったときのことを考えると、なかなか話す気持ちになれません。ホンネを言うには勇気がいります

みんなはどう考えているんだろうと周りを気にして、自分の考えを言うのはすごく勇気がいる

相手がどう思うかを自分は気にしすぎだと思うけど、どうしても気にしてしまう。自分の思うことを素直に言える人が羨ましい。よっぽど自信がある人でないと、言えないと思う

仲間外れにされる恐怖というか、みんなが自分と違う考えや感じ方をしていたらどうしようといった思いがあって、自分の思っていることをはっきり言いにくい私は、自分の思ったことを率直に友だちに言うことができません。やっぱり嫌われるのが怖いから

意見が違うと、せっかくの関係が悪化してしまうのではないかと考えてしまい、自分の意見があってもなかなか言えない

自分の意見を言える人はごく少数だと思う。自分もその場の雰囲気に合わせた発言をしたり、相手が喜びそうな意見を言ったりする

こんなことを言ったら相手が気分を害するのではとか、感受性が違ってたら相手が話しにくくなるかもしれないなどと思い、何を話したら良いかをかなり吟味する

このように、今の関係が崩れることを怖れたり、相手の反応を気にするあまり自分の意見を率直に話せないといった心理が、多くの若者に共有されていることがわかります。

自分だけでなく、相手もさしさわりのない話をするだけの関係を物足りなく思い、もっと率直にいろいろ話せるようになりたいと思っているかもしれません。でも、自分の側から一歩を踏み出す勇気がない。

そこには、前述の3つのうち、とくに第一因子の「現在の関係のバランスを崩すことへの不安」と、第三因子の「相手の反応に対する不安」が潜んでいるようです。

一緒にいても何か物足りない

雰囲気的に楽しく盛り上がっていても、ほんとうの自分を出せていない。そのように感じることがだれでもあるのではないでしょうか。そんなときは楽しい思いもあるのだけど、心のどこかで物足りなさを感じてしまうものです。

ある20代の女性は、友だちとショッピングに行ったり、食事に行ったりして、恋愛話やファッションの話をするのが楽しくて、しょっちゅう一緒に出かけるのだけど、どうしても友だちには出せない自分があると言います。

高校生の頃、ちょっと悩んでいることがあって、仲良くしていた友だちに話したところ、「へえ、そんなことを思ってるんだ、変わってるね」

と軽くかわされてしまった。人によって感受性は違うものだし、きっとわかってもらえると期待した自分に甘えがあったのかもしれないけれど、やっぱりショックだった。何だか突き放されたような気持ちになり、それ以来、自分の内面を人に見せられなくなったそうです。

「人間って、明るいだけじゃないじゃないですか。気持ちが沈むこともあるし、不安になることもある。だれでも内面には、そういう暗いものを抱えていると思うんです。だけど、友だちといるときは、そういった暗い面は出さないで、明るい面だけを出すようにしています」

「でも、そういうのは偽物の親しさなんじゃないかって思えることがあるんです。もどかしいと言うか、もっと自分をそのまま出せたらいいなって」

そのように自分の心の中にくすぶる思いを語ってくれました。

みんなでワイワイやるのも楽しいし、カラオケで盛り上がるのも好きだし、そういう場を楽しんでいるのも自分。一人でいるときに「みんなの前では自分が出せないなあ」と少しだけ暗くなっているのも自分。ときどきどちらがほんとうの自分なのか、わからなくなってしまうと言います。

「でも、どっちもほんとの自分なんですよね。友だちといるときには明るい自分が、一人のときはちょっと暗めの自分が顔を出す。そんな感じかな。で、やっぱり自分の一面だけしか出せないってところが、淋しさを感じさせるんだと思うんです」

なかなか的確な自己分析だと思いました。

人はだれも明るい面だけで生きているわけではありません。嫌なこと、腹立たしいことがあって、気持ちが乱れることもあるし、思い通りにならなくて歯がゆい思いに駆られることもあるでしょう。気持ちを傷つけられることもあれば、ひどく落ち込むこともある。心配事に悩まされることもあるし、不安でたまらない日を過ごすこともある。それがふつうです。

そんな自分のあらゆる面を素直に出し合える相手がいたら、どんなに幸せなことでしょうか。しかし、多くの場合、相手に気を遣ったり、相手の反応を怖れたりして、明るい面だけでつき合おうとしてしまうのです。

その方が楽しい場になるかもしれませんが、自分を出し切れていないもどかしさがいつもある。そうした思いが物足りなさを感じさせる。一緒にいても、ワイワイ楽しくやっていても、どこかよそよそしさがあり、距離を感じてしまうのです。

では、私たちはどうすれば良いのでしょうか。

一歩踏み出す勇気を

相互に承認し合える親しい間柄をもつためには、率直に自分を出す必要があります。しかし、その一歩を踏み出すのはそう簡単ではありません。なぜなら、先に見たように私たちは相手の反応を怖れているからです。自分を率直に出さないと親しい間柄は手に入らないとわかってはいても、相手がどんな反応をするかが不安だから、自分を出せないのです。

承認欲求の中でも拒否回避欲求、つまり否定的に見られたくないといった思いの強い人は、表面的な友人関係を好むことが心理学の研究によって示されています。ただ、それではいつまでたってもほんとうに承認し合えるような、お互いに承認欲求を十分に満たしあえるような親密な関係は手に入りません。

自分を出す、つまり自己開示をするには、だれしも一歩踏み出す勇気が必要です。

見た目で気に入って、表面的な話を楽しんでいるうちは何も違和感がなかったけど、勇気を出して深い話をするようになると、お互いのプライベートな顔が見え、どうも自分とは違う世界の住人だと感じる。そのようなこともあります。でも、それは仕方のないことだと割り切るしかありません。それがわかったら再び距離を置けばいい。そう思えばいいでしょう。

とくに価値観の合わない相手と親密な関係になれば、あとで苦しむことになるだけです。合わないことが早めにわかって良かったと思えば良いのです。

こちらが思い切って打ち明けた内面的な話に対して、まともに反応することなく、軽くかわされたら、それは傷つくでしょうけど、感受性が違って共感できないんだなと見当がつくし、これ以上距離を縮めて親密になるのは難しいとわかるでしょう。

呆れるような反応や、バカにするような反応をされたら、とても親しく付き合えるような相手ではないとわかるはずです。あまり深入りしないうちにわかってラッキーとも言えるでしょう。

いずれにしても、勇気を振り絞って自分を出したから、相手がどんな人かがわかるわけで、自分を抑えた上辺だけの付き合いをしているうちは、お互いの相性などつかめるわけがないのです。

子どもの頃から友だちと密に接してきた人は、さまざまな反応を経験し、自分を適度に出しながら相手の反応を見て、その先の距離のとり方を調整するという心の作業に慣れています。

しかし、友だちとあまり親密に付き合ったことがない人は、相手からネガティブな反応があるとひどく傷つき、人に対して心を開けなくなってしまいがちです。

自分にもそんなところがあると思い当たる方は、人間には相性というものがあり、だれとでも思いを分かち合えるわけではないということを改めて心に刻むようにしましょう。

今回は運悪くわかり合えない相手だっただけで、次はどんな人とめぐり合えるかわかりませんし、そのときはまた自分を出してみて確かめればいいだけのこと。そんなふうに試行錯誤の精神をもつように心がけることが大切です。

他にも、次のような場面を経験したことはないでしょうか。

親しく話せるようになったのに、次に会ったときになぜかよそよそしい。この前、あんなに打ち解けてしゃべったのに、表情は硬く、言葉づかいも丁寧すぎて、何だか距離を感じてしまう。何か怒らせるようなことを言ったのかと気になるけれど、あのときの様子を思い出しても、とくに思い当たる節がない。そんな相手の様子に戸惑う。

そのようなケースでは、とくにこちらが相手を傷つけることを言ったわけではなく、打ち解けて話したことで、相手の「見捨てられ不安」が活性化したのが原因であることが往々にしてあります。

つい調子に乗って自分を出し過ぎたことで、相手の不安が強まっているのです。思うことを率直にしゃべったり、自分のことを話したりしてしまったため、相手から変に思われていないか気になってしょうがないのです。おかしなヤツだと思われていないか。不安な内面を覗かれてしまったのではないか。バカにされたり、心の中で笑われたりしていないか。相手はそんなことが気になっているのです。

このように、自分だけでなく相手も不安なのです。お互いにそうした不安を乗り越えないと、せっかく親しい間柄になりかけても、再び相手を遠ざけることになってしまいます。

「見捨てられ不安」を克服するには、思い切って自分を出してみることが必要です。それによって自信がついてきます。こんな自分でも人から受け入れてもらえる。そう思えることで自分自身を受け入れられるようになっていきます。

思い切って自分を出すと、なぜ自信がつくのか。それは、だれもが心の底に「見捨てられ不安」を抱えながら、人からどう思われるかを気にしているからです。こちらが心を開けば、相手は好意的に見てもらえていると感じることができ、こちらに対して好意的感情を抱き、自己開示してきます。そうした相互的な自己開示によって、双方の「見捨てられ不安」は解消され、自信が出てくるというわけです。

自己開示が相手の好意を引き出すことは、多くの心理実験によって証明されています。好意をもたない相手、信頼できない相手には率直に自分を出せないものです。だからこそ自己開示は好意や信頼のあらわれと受け止められます。ゆえに、思い切って自己開示する勇気をもちましょう。

時に心を開いたことで、傷つくこともあるかもしれません。そんなことを考えていたのかとバカにされたり、他人に笑いながら言いふらしていたことがわかったり、そんな重たい話には付き合えないといった感じで退かれたりすることもあるかもしれません。

でも、こちらが心を開いたことで、バカにしたり、笑ったり、遠ざかったりするような相手は、そもそも親しく付き合う価値のある相手ではないでしょう。そのことが早い段階にわかっただけ良かったとも言えます。それを踏まえて、距離のあるスタンスで付き合えば良いだけのことです。

遠慮なく自分をさらけ出せる相手がほしければ、思い切って自分を出してみるしか方法はありません。それに対する反応をみれば、親しく付き合うことのできる相手かどうかがわかります。

自分の中の「見捨てられ不安」をチェックする

ここで自分の中の「見捨てられ不安」をチェックしてみましょう。

本人はあまり意識していなくても、心の奥底に潜む「見捨てられ不安」に影響され、人づきあいに消極的になっていることがよくあるはずです。人づきあいのスタイルを何とか変えられないものかと思う場合は、まずは自分自身が抱える「見捨てられ不安」に気づくことから始めてみることが大切です。

そこで、自分自身が「見捨てられ不安」を抱えていないかをチェックするために、次のページの表の各項目が自分自身にあてはまるかどうか、振り返ってみましょう。

「見捨てられ不安」というのは、乳幼児期の親子の愛着関係にその根っこがあり、日本人であれば多かれ少なかれだれもが心の奥底に抱えているものです。ゆえに、あてはまる項目があって当然であり、あてはまる項目が多いから問題だということではありません。

このチェックリストには、何項目以上あてはまると病的だといった基準はありません。ただ

- ☑ 人から何か頼まれるとなかなか断ることができない
- ☑ 人から誘われるのを待つ方で、自分から誘うということはあまりない
- ☑ できるだけ人に負担をかけたくないという思いが強い
- ☑ 相手が不機嫌な様子だと、自分のせいじゃないかととても気になる
- ☑ メールの返信がないと、避けられているのだろうかなどと思い、とても不安になる
- ☑ 電話が通じないと、なんで出ないのだろうと不安になり、何度もかけてしまう
- ☑ 相手からどう思われるかを気にしすぎて、なかなか自分を出せない
- ☑ 場を盛り上げるためにピエロを演じることがよくある
- ☑ 相手の気持ちを傷つけないように、ものの言い方には人一倍気を遣う
- ☑ 友だちからの誘いをなかなか断れない
- ☑ 友だちと遊ぶときなど、どこに行くとか、何をするとか、いつも相手に合わせる
- ☑ 意見が対立すると気まずいから、あまり自己主張はしないようにしている
- ☑ 関係が壊れるのが怖くて、わがままとかは言えない
- ☑ 無理して良い人を演じている自分に疲れることがある
- ☑ 相手のご機嫌を取るようなことを言う
- ☑ いつも周囲の人のご機嫌を伺っているようなところがある
- ☑ 友だちといるときなど、雰囲気を盛り上げようと頑張ってしまう
- ☑ みんなと別れて一人になったとたんに、ドッと疲れが出ることがある
- ☑ 別の人が誘われたのに自分に声がかからないと、とても気になる
- ☑ すれ違いとかがあって気まずくなると、すぐに自分から関係を修復しようとする

し、あまり多くの項目があてはまるようなら、「見捨てられ不安」が日頃の人づきあいをかなり窮屈なものにしている可能性を疑ってみる必要があります。

このチェックリストは、診断用に使うのではなく、自分自身の心の中にうごめいている心理メカニズムに目を向けるきっかけとして使っていただきたいと思います。

みんなから好かれようと思わない

自分の中の「見捨てられ不安」を克服し、思い切って自分を率直に出してみる。すると、たいていの場合は、相手は好意的に受け止めてくれて、自己開示を返してくれるものです。それによって関係が深まり、相互承認への道が開かれていきます。

万が一相手の反応が悪ければ、それ以上親密になるべき相手ではないことがわかるだけで、そう気にしすぎることはないということは、おわかりいただけたと思います。

そうはいっても、人から嫌われたり、敬遠されたり、嫌な態度をとられたりするのは、決して気分のいいものではないでしょう。

でも、それは仕方のないことと思うしかありません。相性という言葉があるように、だれだって苦手な相手がいるもので、合う・合わないというのは、どうしてもあります。

相手から誤解されている、私のことをちゃんとわかってもらえていないと思うから、さまざまなアプローチをしてわかってもらおうと努める。それも大事ですが、それでもわかってもらえないということも、これまでに経験しているのではないでしょうか。

価値観が違ったり、性格が極端に違ったりすると、なかなかわかってもらえないものです。その時は、自分を責めたり、相手を責めたりせずに、諦めてしまいましょう。

みんなから好かれようなどと思っていない人ほど、何でも言い合える親密な相手がいるものです。合う相手もいれば、合わない相手もいる。自分のことをわかってくれない相手だっているものです。それは仕方のないこと。そう開き直っていれば、相手の反応を気にしすぎてビクビクすることもなくなります。

そんなスタンスを取ることができれば、思い切って自分を出すことができるようになるはずです。それで相手がネガティブな反応を示すようなら、ただ距離を置いた付き合いに止めればいいだけです。

実際には、心を開いた相手をあざ笑ったり、冷たく突き放したりする人は少ないものです。思い切って自分を出すことができれば、相手との距離が縮まり、親密な関係に一歩前進することの方がずっと多いはずです。

反対に、みんなから好かれなければと思っている人は、嫌われないように自分を抑え、相手に気を遣って合わせようとしすぎるため、かえって人との間に距離ができてしまい、だれとも親密になれなくなってしまいます。

つまり、みんなから好かれたいと思うことで、かえってだれとも親しくなれないという逆説的な罠にはまってしまうのです。

みんなから好かれようなどと思わないこと。合う相手、合わない相手がいて当然だと割り切ること。それが親密な相手を手に入れるコツだということを忘れないようにしてください。

相手の目に映る自分より、相手そのものを見る

人からどう思われるかを必要以上に気にする人とかかわっていると、奇妙なことに気づきます。それは、人の目を気にする割には、その人のことを見ていないということです。

たとえば、好きな異性に対して、

「あの人は私のことをどう思っているんだろう。好意をもってくれているといいんだけど、自信がない。まさかネガティブな印象はもたれていないとは思うけど」

などと、その人の目に自分がどう映っているかをとても気にしている割には、その相手が元気がなかったり、落ち込んだりしていても、気遣うどころか、そうした普段と違う様子に気づくことさえないのです。

あるいは、上司に対して、

「僕の仕事ぶりを正当に評価してくれているだろうか。けっこう頑張っているのに、ちゃんと見てくれてないような気がするんだけど、大丈夫かなあ」

などと、自分がどう見られているかを気にしたり、

「あの人は、部下の仕事ぶりにまったく興味がないんだよな。上司ならもっと部下のことを見ていてくれないと困るのに」

などと不満を口にしたりする割には、上司の立場や様子にはまったく無頓着に見える。上司が取引先から理不尽に責められ、ひたすら恐縮して謝っているのを見ても、あとで労をねぎらったり愚痴の聞き役になろうといった気遣いはなく、まるで無関心なまま。そんなことも珍しくありません。

このように、人に関心があるようでありながら、結局、関心があるのは相手の目に映る自分の姿であって、相手そのものにはまったく目が向いていない。ゆえに、相手からどう思われているのだろうと自分の評価を気にするばかりで、相手の立場や気持ち、体調などにはまったく気づかないし、そもそも関心すらないわけです。

相手の目をそれほど気にしているのに、実はその相手のことは見ていないということがわかったでしょう。

自分にしか関心がないのです。

本人は相手のことを気にしているつもりかもしれませんが、実は気になるのは相手の目に映る自分自身だけで、相手のことは見えていない。関心があるのは自分だけ。相手のことなど眼中になかったりするのです。

その自己愛に閉ざされた視線を他者に開かない限り、ほんとうに人と親しくなることも、信頼関係を築くこともできません。

承認欲求を満たしたいのであれば、人の目に映る自分の姿ばかりに気を取られるのではなく、相手そのものに関心を向けることを意識しましょう。

「認められたい」より「認めてあげる」

人によって欲求は違うし、どんな欲求を強くもっているのかもそれぞれ異なります。

ただ、だれもが心の中に抱えている強い欲求があります。

それが、「自分のことをわかってほしい、認めてほしい」という承認欲求です。

世の中には、実にさまざまな人がいます。価値観や性格が違う人には、こちらの生き方をなかなかわかってもらえないし、認めてもらうこともできません。

権力欲や上昇志向の乏しい人には、人脈づくりのために無理して気の合わない人ともつき合おうとする人の気持ちがわかりません。

他人のことを基本的に信用していない人は、無邪気に他人を信用しては痛い目にあうことを懲りずに繰り返す人の気持ちがわかりません。

だれとでも気軽に話せる人は、人前でやたら緊張してもじもじする人の気持ちがわかりません。

いつもみんなの輪の中心にいる人は、孤立しがちな人の気持ちがわかりません。

このような価値観や性格の違いが、さまざまなすれ違いを生むことにつながります。親切のつもりでしたことなのに、嫌な顔をされたり、時に逆恨みされたりすることもあるでしょう。

自分にとってはとても大切なことなのに、どうしてそんなことにこだわるのかと呆れられたり、イライラされたりすることもあるでしょう。

辛い気持ちをわかってもらえなかったり、大変なのに必死に頑張っているということをまったくわかってもらえないこともあるでしょう。

こちらの生き方を真っ向から否定するようなことを言われてしまうこともあるでしょう。

このように、異質な人間の集合体として社会が形成されています。その社会の中で生きるというのは、そうした自分とは異質な人からわかってもらえない経験を積み重ねることでもあります。だからこそ、「だれかにわかってほしい」「自分の生き方を認めてほしい」という気持ちが強まるのです。

どんなにクールを装っていても、心の中では「だれかにわかってほしい」「自分の生き方を認めてほしい」と叫んでいる。自分のことをわかってくれる相手、認めてくれる相手が現れるのを私たちは待ち望んでいます。

大切なことなので繰り返しますが、人とわかりあうためには、思い切って自分をさらけ出さなければいけません。ホンネを隠して無難な世間話をしているだけでは、表面的には良好な関係を築けても、わかり合える関係には発展していきません。

だからこそ、まずはホンネをさらけ出して付き合うことから始めてみませんか。

でも、相手がどんな反応をするかを考えると、なかなか自分を素直に出すことはできません。ただ1つ言えるのは、どんな反応が返ってくるかなんて、だれにもわからないということです。

わかってもらえなければ、傷つくこともありますが、そんなことばかり気にしていたら、思い切って自分を出せなくなってしまうでしょう。

だれだってそうです。不安なのはみんな同じです。

だからこそ、わかりあえる関係、相互承認し合える間柄を築くには、まずは相手をわかろうとし、相手の生き方を認めてあげることが大切です。

「わかってもらえた」「認めてもらえた」と思えば、相手もこちらのことをわかろうとしてくれるし、認めてくれるはずです。

自分の不安や欲求不満を解消するには、まずは相手の不安や欲求不満の解消ができるようにサポートすることから始めましょう。そんなスタンスで他者とかかわっていければ、お互いに承認し合える間柄に近づくことができるはずです。

おわりに

承認欲求をめぐる心の葛藤について、わかっていただけたでしょうか。タイトルだけ見ても実感が湧かなかったという人も、本文では具体的な事例を用いて解説したので、身近に感じていただけたのではないでしょうか。

承認欲求、つまり人から認められたいというのは、だれもが強く抱く気持ちです。そういう気持ちがあるからこそ、私たちはこれまで成長してこられたわけです。

でも、このところ承認欲求に振り回され、苦しい思いをしている人が非常に目立つようになりました。

承認欲求をどうやって満たしたら良いかわからず苦しんでいる人。

みんなをアッと言わせたいという思いから、炎上するようなネット投稿をしてしまい、苦境に立たされてしまう人。

自分の強すぎる承認欲求をもてあましている人。

そのような人が目立つのはなぜなのか、どんな事情によるのか。それについては、本文で詳しく説明したので、ここでは繰り返しません。

自分が承認欲求に振り回されているといった自覚がなかった人の中にも、この本を読み進めるうちに、自分も承認欲求に振り回されているのかもしれないと思うようになった人がいるはずです。

本文でも強調したように、承認欲求はだれもがもっているもので、決して悪いものではありません。ただし、このところのＳＮＳの急速な発達によって、承認欲求が過剰に刺激されやすくなっているのも事実です。そのため、承認欲求の適切な満たし方がわからず、いつの間にか承認欲求に振り回されるようになり、なかなか思うようにいかないため、うつうつとした日々を過ごしたり、おかしなことをしてしまったりするのです。

このような時代を生きる私たちにとって、承認欲求とのうまい付き合い方を確立することは急を要する課題と言って良いでしょう。

そこで、第５章では、承認欲求を上手にコントロールするためのヒントを示しました。これを参考に、自分の中にうごめく承認欲求をうまくコントロールするようにしましょう。基本的な対処法さえ身につければ、承認欲求に振り回されることなく、むしろ承認欲求を原動力にして成長していくことができるはずです。

承認欲求に振り回されている人があまりに多いことを危惧するクロスメディア・パブリッシング根本輝久さんからの依頼で本書を企画することになりました。そこで、承認欲求の正体を解き明かし、承認欲求の虜になりがちな現代の時代状況を解説するとともに、承認欲求に振り回されないためのノウハウを示すことにしました。

このようにしてできあがった本書が、承認欲求についての理解に役立ち、承認欲求に振り回され苦しんでいる方々の助けになれば幸いです。

２０２１年８月

榎本博明

【著者略歴】

榎本博明（えのもと・ひろあき）

心理学博士

東京大学教育心理学科卒業。東京都立大学大学院心理学専攻博士課程中退。カリフォルニア大学客員研究員、大阪大学助教授等を経て、現在、MP人間科学研究所代表。産業能率大学兼任講師。主な著書として『「上から目線」の構造』『薄っぺらいのに自信満々な人』（以上、日経プレミアシリーズ）、『＜自分らしさ＞って何だろう？』『「対人不安」って何だろう？』（以上、ちくまプリマー新書）、『他人を引きずりおろすのに必死な人』（SB新書）『＜ほんとうの自分＞のつくり方』（講談社現代新書）など多数。

承認《しょうにん》欲求《よっきゅう》に振《ふ》り回《まわ》される人《ひと》たち

2021年 9月21日 初版発行

発行 株式会社クロスメディア・パブリッシング

発行者 小早川幸一郎

〒151-0051 東京都渋谷区千駄ヶ谷4-20-3 東栄神宮外苑ビル

https://www.cm-publishing.co.jp

■本の内容に関するお問い合わせ先 …………………… TEL（03）5413-3140／FAX（03）5413-3141

発売 株式会社インプレス

〒101-0051 東京都千代田区神田神保町一丁目105番地

■乱丁本・落丁本などのお問い合わせ先 ……………… TEL（03）6837-5016／FAX（03）6837-5023

service@impress.co.jp

（受付時間 10:00～12:00、13:00～17:00 土日・祝日を除く）

※古書店で購入されたものについてはお取り替えできません

■書店／販売店のご注文窓口

株式会社インプレス 受注センター …………………… TEL（048）449-8040／FAX（048）449-8041

株式会社インプレス 出版営業部 ……………………………………………… TEL（03）6837-4635

カバーデザイン 城匡史

イラスト 山内庸資

本文デザイン・DTP 荒好見

印刷・製本 中央精版印刷株式会社

ISBN 978-4-295-40598-6 C2034